大人美論

石井美保
MIHO ISHII

宝島社

はじめに

30代までの美容哲学が通用しなくなる40代

先日、42歳の誕生日を迎えました。これまで2冊の美容本を出版させていただいていますが、それぞれが20代から30代にかけての私の美容哲学の集大成。だからもうこれ以上、本を出すことはないだろうと思っていました。

ところが……40代に突入して、予期せぬ変化が次々に起こり始めたのです。肌にも、身体にも、髪にも。限りなく私の中でパーフェクトと思えていたお手入れが、なかなか効かない、改善の予兆が見えない。今この状態なら、この先どうなるのだろう？　本当に愕《がく》然《ぜん》としました。

そこで、「これから10年後、どうありたいか」を立ち止まって考えてみたところ、ひとつの答えに辿り着きました。それは、「若くありたい、とやみくもに時を止めのではなく、40代を迎えた新しい自分がもっと楽しく幸せになれる方法」を見つけること。そのためには、まず今まで自分が抱いていた「美の価値観」を刷新しなくてはならないと気づいたのです。

この本のChapter. 1、2では40代を迎えた私に起きたあらゆる変化についてお話しています。同世代の方は「あるある!」と共感してくださるかもしれないし、まだ40代を迎えていない方はこれから起こりうる出

新しい「美の価値観」とともに考える次のステップ

来事に恐怖すら感じてしまうかもしれません。でも誰にでも起こることと覚悟して、そこに備えられれば大丈夫、と前向きに捉えてください。

Chapter.3、4、5ではそれらの変化に柔軟に対応するためのスキンケア、メイクの仕方、ボディケア、ヘアケアを紹介しています。まだ始めたばかりの方法もありますが、今の私がリアルに実践している現在進行形のメソッドです。

Chapter.6では私を変えるきっかけになってくれたパリのこと、パリで出会った素敵な2人のマダムのことを綴っています。パリという街が私にくれた〝生き方〟のヒントを感じていただけたらと思います。

「ずっと変わらない」ではなく
「もっと素敵になる」ために

今回は、本文の下段に、注釈を設けたデザインにしました。過去の2冊で紹介しているキーワードについて改めて解説したり、本文の中だけでは書き切れなかった私の美容人生におけるエピソードなどを入れ込んだりしてみましたので、あわせて楽しんでいただけたら嬉しいです。

私も歩き始めたばかりの40代の美容道ですが、少しずつ肩の力が抜けて、老いの恐怖を感じることが減りました。内面から〝美しく〟生きるためには、40代をどう過ごせばいいか。私もまだ模索中である「大人美論」のエッセンスを、みなさんにも共有させていただけたらと思います。

——2018　石井美保

TOPS : PRADA SKIRT : N°21 BAG : FENDI

CHAPTER.2
今だからわかる「あのときやるべきでなかった」こと

CHAPTER.3
40代の「頑張らなくてもいいスキンケア」

CHAPTER.4
「上手な引き算」が必要な40代のメイク

CHAPTER.5
40代こそ身体と髪に手をかける

CHAPTER.6
パリに映るこれからの私

CHAPTER. 1

大人美論

【Mind】

☐ Tips 01-11

昨日までの「美の方程式」が成り立たなくなる日

20代から30代にかけて、
私なりに美容というものに
真摯に向き合ってきたつもりでした。
自分らしい美容メソッドも完成してきて、
これで年齢を重ねる準備は万端！
何も怖くないと思っていました。
しかし40歳を迎えた途端、
それらが音を立てて崩れていったのです。
そんな現実に起こった私の“あれこれ”を
包み隠さずお話しします。

【BEAUTY LESSON】

tips **01**

気づけば 顔の肉の“質”が 変わっていた！

身体のゆるみもジワジワ実感しますが、それよりももっと急速に、顔の肉がゆるんできたのを自覚し始めたのは40代になってから。

40代を迎えてまず驚いたのが、〝毎日同じ輪郭でいられない〟という事実。顔にふと手を当てた瞬間や、鏡で自分をチェックしたときなど、日ごとに顔の輪郭がコロコロ変化していることに気づいたのです。

これは顔の肉が30代と比べて圧倒的に柔らかく〝やわやわ化〟している証し。「今日はキュッとしているな」という日は、適度に運動して、たんぱく質多めの食事をした日。「今日はちょっとゆるんでいるかも」という日は、誰にも会わず、身体も動かさず、食事もままならなかった日。その差が本当に大きいんです。

実は私、少し前にマリーというネコを飼い始めたのですが、[*1]最初の頃は彼女を溺愛するあまり生活がマリー中心になってしまって……。外出は最低限に控え、なるべく早く家に帰り、誰とも会わず、ご飯を食べるのも忘れてマリーに夢中（笑）。そんな生活を続けていたところ、近年見たこともないくらい顔がたるんでしまったのです。体重は変わっていないのに「痩せた？」と聞かれたり、「疲れてない？」と心配されたり。それからはもう徹夜も厳禁！　信じられないほどに顔が下がってしまうので、リカバリーが大変なのです。

30代までは感じづらかったこういった現象の数々は、身体の老化とされている「下垂」が早々に顔に訪れているという悲しい事実。[*2]それだけでなく、30代までの食生活も影響していることを実感しています。

P.014
COORDINATE
DRESS : self-portrait
BAG : NICO GIANTI

*1
2018年2月2日生まれの女の子。詳しくはInstagram @marie_rm0410 をチェックしてください。

*2
→045、055ページ参照

【BEAUTY LESSON】
tips
02

顔の輪郭がいつのまにか「ひょうたん形」に

輪郭が大きく崩れ始めるサインは、「タマゴ形からひょうたん形へ」。私も42歳になってすでに実感し始めている避けられない現実です。

ここの肉が落ちてくる！
骨が痩せ、頬骨が落ちるのでこめかみの凹みが強調されるように。
頬の肉全体が“やわやわ化”し、下半顔が下がって輪郭が「ひょうたん形」に変化。

私はもともと丸顔なので、ずっとシュッとしたシャープな輪郭に憧れていました。30代までは「顔がもうちょっと痩せたらな」と願い続けていたのに、40代になってから顔が痩せても、思い描いていたシャープな輪郭とはなんだか違うのです。こめかみと頬骨の下がガクッと落ちて、そこにゆるっとした肉がくっついてくるので、結果、「ひょうたん形」の輪郭に……。[*1]

以前、とあるクリニックの先生に、「若いときの輪郭はハート形[*2]だけど、40代になると下ぶくれっぽいフォルムになる」と言われたことがあり、その当時はなんとなく「ふ〜ん」と聞いていただけでした。でもまさに今、自分がその状況に直面しているわけです。おそらく、頬骨のコケ具合や肉のたるみ具合は個人差があると思うのですが、こめかみはみんな平等に落ちてきているなと感じています。[*3] 〝こめかみが落ちる〟なんて、若いときに想像したこと、ありましたか？ 今一度、こめかみの肉質を確認してみてください。

＊1 さらにあごも丸くなってくるので、より一層ひょうたん型に近づいて行くのです。

＊2 顔の重心が目元から頬にかけての上の方にあり、顔の下半分はキュッとシャープな形。

＊3 鏡ではなく写真で、正面だけでなく、横からも自分の顔をチェックしてみてください。こめかみが凹むと途端に老けて見えてしまうのです。

Mind
Skin care
Make-up
Body & Hair
Paris Story

【 BEAUTY LESSON 】

tips

03

気がつくと「目が逆三角形」になっていませんか？

顔の輪郭に続いて変化を感じやすいのは目元。まぶたの皮膚が薄くなり、肉が落ちることによって、まぶたが痩せてきてしまうのです。

変わってくるのは〝肉の質〟と〝骨格の落ち〟だけではありません。次に感じるのは、まぶたの皮膚の変化。私は以前からまぶたの皮膚が肉厚で、アイホールがない[*1]ことが悩みでした。なので20代、30代はスプーンを使ってゴリゴリとマッサージをして、無理矢理アイホール[*2]を彫り起こしていたほど。でも今は勝手に目がくぼんできて、まぶたが驚くほど落ち込むようになったのです。その理由は、**まぶたの皮膚が薄くなっている上に、肉自体も柔らかくなってきているから。**そんな変化に伴って、使うアイクリームも変わってきました[*3]。昔はまぶたをスッキリ見せる[*4]ものしか手に取らなかったのに、今はとにかくふっくらさせるものを探すように。そして、そんなまぶたの変化が行きつく先が**「逆三角形の目」**なのです。

昔はアーモンドアイだったのに、上まぶたの皮膚が薄くなってハリがなくなってくると、上部のアーチが保てなくなって、逆三角形になります。疲れていると特にこの傾向が強く出てくるので危険です。私がこの変化に気づいたのは、自分の写真を見たとき。女子会でご飯を食べたあと、「みんなで写真を撮ろう」となり、私はいつも通りの顔をしているつもりだったのに、仕上がりを見たら目が逆三角形状態になっていたのです。[*5]ときには写真の自分を見て変化を受け入れることも大事だなと思いますが、それを発見したときには本当にショックでした。

---

*1
メイクのhow toで「アイホールにベースのアイシャドウを塗る」って、ありますよね。でも、私の場合、アイホールがないから、ずっと意味がわからなかったんです（笑）。皮肉なもので、まぶたが痩せてきた最近になってやっと、初めての〝アイホール〟を手に入れました。

*2
草刈民代さんのくぼみのあるアイホールにずっと憧れていました。

*3
↓087ページ参照

*4
クラランスのグランアイセラムを愛用していました。さらにもっと昔は資生堂のロスタロットをまぶたに塗っていました。

*5
なので、最近は目が逆三角形になる前に「数時間後まで目の形が持たないから先に写真撮っちゃおう！（笑）」なんて話しています。

【BEAUTY LESSON】

tips

04

今までのマッサージの仕方で大丈夫？

グリグリ、ゴリゴリのマッサージとは今すぐ決別を！　私のスキンケアメソッド「肌アイロン」も40代からの肌の変化に伴って進化させました。

顔にまつわるそんな変化を感じずにはいられない毎日の中で、最も強く思うのは、顔のマッサージの圧について。こめかみ付近をグリグリ、頬骨の下の肉をゴリゴリと流すマッサージ*1は、皮膚の下の肉の繊維をつぶし*2、肉そのものをさらに柔らかくしてしまうので、私はおすすめしていません。しかし強い圧のマッサージを行った直後は効果が出たように感じてしまうのでいまだに誤解も多く、なかなか浸透していない事実。もともと「ひょうたん形」に変化していく運命である顔の輪郭に追い討ちをかけるように強い圧を与えることがどんな影響を及ぼすのかと思うと恐ろしくなるのです。

私は以前から独自の「肌アイロン」*3というスキンケア法を提唱しています。肌そのものには強い圧をかけず、肌をピンと張った状態のまま、皮膚の1枚下にある老廃物を流すアイロンがけのような方法です。流す圧は、みなさんが思っているよりもずっと優しく。イメージとしては、陶芸の際、ろくろを回して成形するときに添えている指くらい。そう、ほとんど力を入れていないのです。そしてさらにただ流すだけでは効果が出にくい40代以降の〝ややわ化〟した肌には、どこをきっちりと流すのかが重要になります。そこでここでは今までの「肌アイロン」を改めておさらいしつつ、年齢を重ねた肌に行うべき進化したポイントをレクチャーしたいと思います。

---

*1
肌がパツパツの20代前半までなら、このマッサージでも「小顔」という目的で有効です。

*2
乾いた肌にかっさ等の器具を押し当てるのも厳禁。かっさを使うときは、専用のマッサージクリームや美容液を使ってすべらせる程度に。

*3
私が30代からずっと毎日続けている唯一のマッサージ法です。詳しくは次ページで。

改めて伝えたい
石井式「肌アイロン」のこと

肌アイロンは、とろみのある美容液や伸びのいいオイルをつけるとき、また最後につけるクリームのときに肌になじませながら行う“ながらケア”です。顔の中心から外側に向かって老廃物を移動させるイメージでスキンケアすれば、それだけで見違えるほど顔の印象はスッキリします。朝のケアに取り入れて毎日続けることが秘訣なので、今日からぜひ実践してみてください。

Step-1 ほうれい線ケア

1

ピンと張った状態でたるみをキャッチ

まずは美容液を顔全体になじませ、片手でこめかみを斜め上に引き上げる。さらにもう片方の手の薬指と小指でほうれい線のたるみを支える。

2

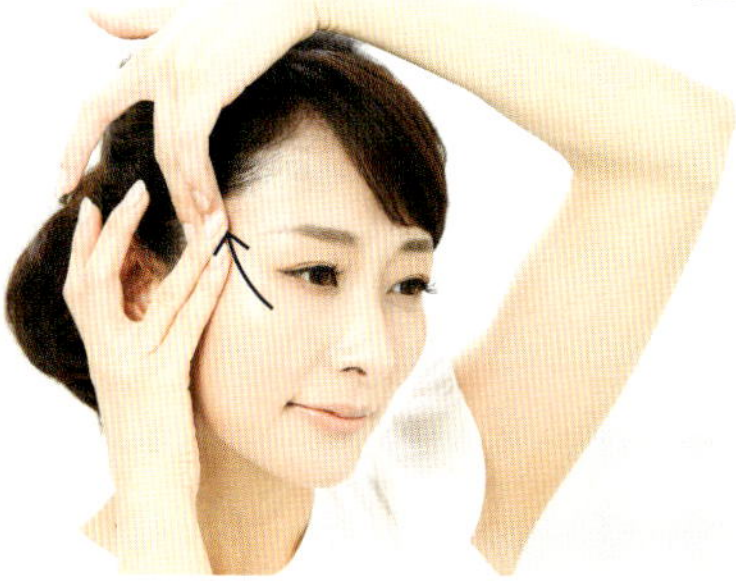

こめかみまで引き上げる

肌をピンと張った状態のまま、頬からこめかみまで指をすべらせる。10回行ったら反対側も10回。

Step-2 目元ケア

3

目の周りのコリをほぐす

こめかみの手をキープしたまま薬指と小指の腹を眉間にのせ、軽く圧を加える。

4

目元のたるみを解消

3の指のポジションから目の下の輪郭に沿ってこめかみに向かってスーッと優しくなでる。左右それぞれ10回。

5

アイクリームを投入

目のキワの小ジワにはアイクリームを塗って行うとより効果的。

Step-3 おでこケア

6

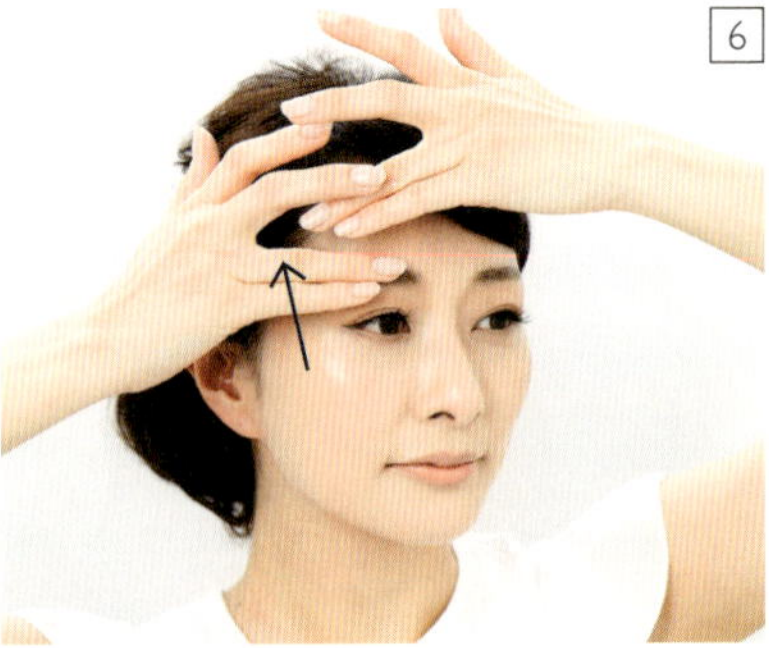

眉《び》丘《きゅう》筋《きん》をキュッと引き上げる

両手の薬指と小指を揃えてこめかみの上にセット。そのまま生え際に向かって引き上げる。

7

おでこのシワを伸ばす

6の手をそのまま移動させながら、片方のこめかみから反対側のこめかみまで3往復させる。

Step-4 フェイスラインケア

Point!

8

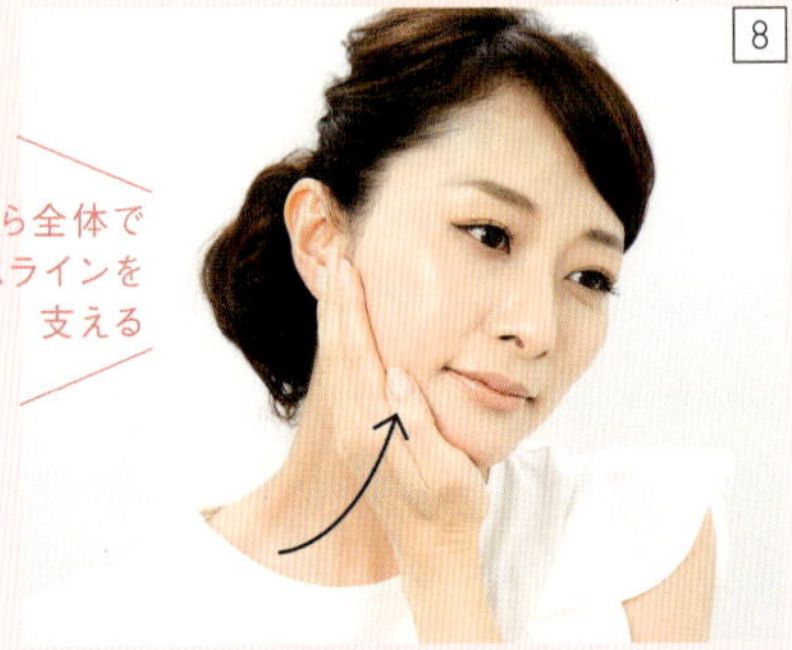

フェイスラインの“たるみ肉”を包む

あご裏肉を移動させながら輪郭周りのたるんだ肉全体を手のひらに収める。

9

鎖骨に向かってひと息で流す

8で手に収めた“たるみ肉”を鎖骨に向かって一気にスーッと流す。

Step-5 首ケア

Point!

10

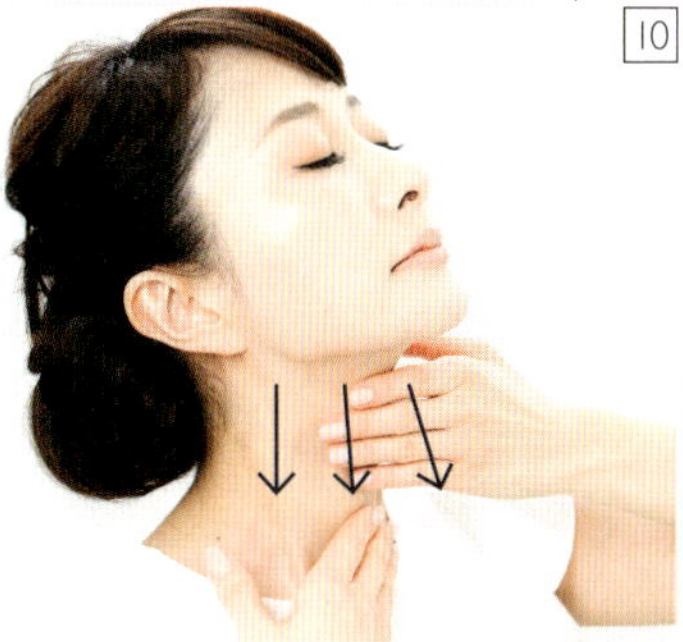

シワが目立つ首もケア

首がしっかり伸びるまであごを上げ、デコルテに向かって手のひら全体で流していく。

Step-6 頭皮ケア

11

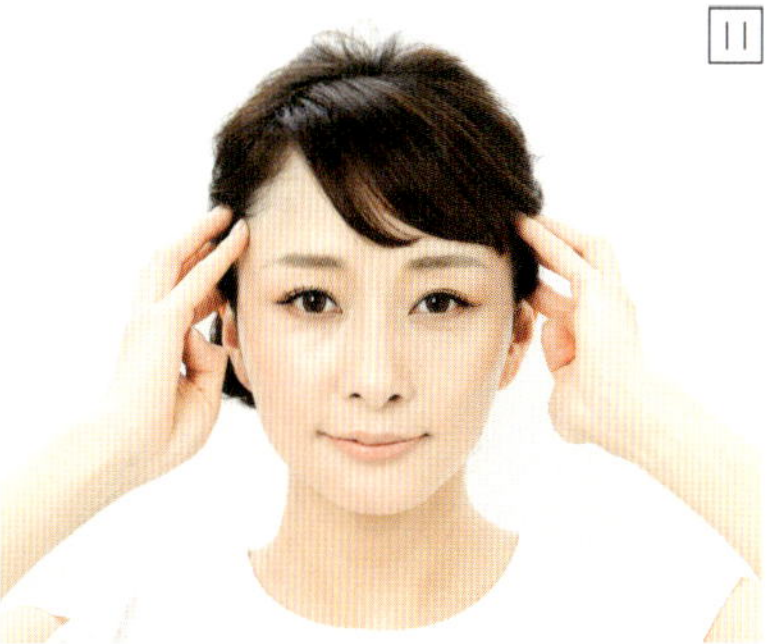

頭皮ほぐしで血行アップ

４本の指を開いた状態で、指の腹を耳上すぐの生え際部分にセット。

12

イタ気持ちいいくらいの圧で

11から頭頂部に向かって、少しずつ指を動かしながら頭皮をプッシュ。ほうれい線が薄くなるまで続ける。

【BEAUTY LESSON】

tips

05

スペシャルケアが効きにくい、という悲劇

Before／Afterの違いがわかりやすく、お手入れに対して肌が素直に応えてくれる30代。でも40代の肌はそう簡単にはいきません。

年齢による肌悩みがない20代に比べて、30代になるとエイジングケア美容液やクリームの効果が如実にわかるようになり、スペシャルケアも〝やった分だけ返ってくる〟感覚があると思います。それが、40代になるとそううまくはいかなくなってきます。20代のとき[*1]とは違う意味で、〝やっているのにBefore／Afterの差がわからない〟という状況に陥るのです。特別なケアをしても高価な化粧品を使っても、うんともすんとも言ってくれないときがあります。私の場合は、特にもともと肌がくすみやすいタイプなので、30代までは透明感をいかに出すかが常にスキンケアの課題[*2]だったのですが、40代になるとその透明感がさらに出にくくなりました。それは、糖化の問題[*3]や、ターンオーバーの鈍さなど、ひとつの肌悩みに対して原因が複合的にあるからだと思います。

　でもそこで諦めてはダメです。以前、私が日頃から素敵だなと憧れている美容ジャーナリストの松本千登世さんがこんなことをおっしゃっていました。「肌はレザーと同じ。確かにずっと使っているとクタクタになってくるけれど、ちゃんとクリームを塗ってお手入れをしてあげれば、上質な革になる」[*4]。確かにその通りだな、と思うのです。だから、とにかく諦めずに続けることが大切。すぐに肌が応えてくれないからといって挫折せずに、「40代はそういうものだから」と寛容に受け止めて、根気よくケアを継続させていきましょう。[*5]

＊1
20代はたるみもシワもないに等しいので、変化がわかりにくいもの。結果を求めるケアではなく、予防のケアと心してくださいね。

＊2
具体的には角質ケア、保湿ケアをベースに1年中美白ケアをしていました。

＊3
↓072ページ参照

＊4
松本さんの著書『美人に見える「空気」のつくり方』（講談社）。

＊5
身体についても同じことが言えます。
↓036ページ参照

【BEAUTY LESSON】
tips
06

首、ひざ……「こんなはずじゃなかった！」

普段気にかけていないパーツほど、知らぬ間に“年齢のサイン”が。歳を重ねるとは、お手入れのチェック項目が増えるということですね。

まさかと思うかもしれませんが、40代は首にイボ[*1]ができます。30代の方でも首のケアをきちんとしていないとまれにできることがあるので、私のサロンの若いお客さまにも「顔だけではなく首まできちんとお手入れしてあげてね」といつも話していたのですが、そんな私も40代を迎え、先日ついに〝首イボ〟をひと粒発見！　それに加えて、赤いほくろのようなもの[*2]ができることも。これらはできてしまったら、基本的にはクリニックに相談するしかありません。[*3]

そして普段自分が意識していないさまざまなパーツにも、〝年齢のサイン〟は確実に忍び寄ってきます。背中[*4]、ひざ、脇[*5]の下……etc. 挙げればキリがありません。ですから、顔以外のパーツもちゃんとチェックしておかないと、いくらお肌のお手入れを頑張っても、顔とのギャップが出てきてしまいます。そして、それに対応するように、選ぶものやお手入れの方法も変えていかなくてはいけません。例えば、手。ハンドクリームも昔は香りを楽しむアイテムと捉えていたけれど、最近は手が痩せて血管が浮き出たり筋張ってきたりするので、その対策ができるものを選ぶ必要があります。[*6]そして首。首はイボができるだけでなく、年々太くなっていく気がします。その原因は冷えはもちろん、結局は流れづらくなった老廃物のせい。だからこそ、翌日まで老廃物を残さないためのケアは絶対的に大事なのです。[*7]

---

*1
シワが寄りやすい部分をチェックしてみて。

*2
「老人性血管腫《ろうじんせいけっかんしゅ》」と言われるものです。

*3
小さなイボは「ヨクイニン クリーム」を塗るだけで治ることがあります。赤いほくろは専用のレーザー治療でないと消すことができません。そしてかなり痛いです。

*4
背中にほくろが増えてきたことにびっくり！

*5
脇にもスキンケアが必要なのでは……と最近思っています。

*6
私が愛用しているハンドクリームはシスレーのシスレイヤ ソワン デ マン。塗った瞬間、手が5歳若返ります。

*7
↓124ページ参照

【BEAUTY LESSON】

tips

07

40代、「透明感」を出すことの難しさ

顔だけでなく、全身を通して色ムラが気になる40代。透明感のある印象のまま歳を重ねることは、予想していた以上に難しいことでした。

私にとって「透明感」は、昔も今も変わらない永遠のテーマです。というのも、子供の頃の私は、クラスの女の子の中で1、2を争うくらいの地黒。そのコンプレックスの克服こそが私の美容の原点[*1]だったのです。20代、30代はスキンケアでいかに透明感を出すかが常に自分にとっての課題でした。そして試行錯誤を繰り返したことで、ある程度自分のメソッドを確立できたかなと思っていました。ところが、40代に入ると状況は一変。また霧の中に舞い戻るような感覚に見舞われたのです。その原因としては、スペシャルケアが効きにくくなった、[*2]シミや色ムラができやすくなった、キズ痕が消えにくくなった[*3]ということが挙げられます。

透明感の正体というのはなかなか捉えにくいものですが、なによりもまず肌全体がなめらかで均一であることが挙げられます。けれど年齢とともにどうしてもあらゆる色ムラが気になるようになってきます。それは顔だけでなく全身を通して言えること。そうすると、その人の印象が「ちょっと汚れた革」のようになってしまうのです。[*4]つまり清潔感を保ちながら年齢を重ねるということとは、思っている以上に難しく、意識したケアが必要だな、ということ。それでも決して諦めず、地道にお手入れを続けることが、これから先のキレイに繋がっていくのだと信じています。

---

*1
中学生のとき初めてまとまったおこずかいをもらって買ったのは、ヘチマコロンの美白ローションでした。あの容器に相当な期待に胸を膨らませたのを今でも覚えています。

*2
↓028ページ参照

*3
↓034ページ参照

*4
美容ジャーナリスト松本千登世さんのお言葉です。
↓029ページ参照

【BEAUTY LESSON】

tips

08

キズ痕《あと》が「消えるのが遅い」じゃなくて「治らない」

透明感を損なう原因に、身体のキズ痕までもが関わっているなんて、考えたことありましたか？ 残念ながら事実なのです。

30代に入って、「昔に比べてキズ痕が治りにくいな」と思うことは何度もありました。それは吹き出物や湿疹、虫さされ痕についても同じです。そして、その原因がターンオーバー[*1]の鈍りによるものであることもわかっていました。それでも、〝時間はかかってもいつかはなくなるもの〟となんとなく思っていたのに……40代になるとびっくり！　遅いだけではなくて、本当に〝消えない〟のです。私の場合、もともとキズが消えにくい体質[*2]のようで、ケアしても完全には消えていないキズが実は身体中にたくさんあります。それが身体全体をどんよりくすませている原因なのです。

40代以降、清潔感や透明感を保つのがますます難しくなっていくなかで、いかに「キレイ」でい続けられるかは、こんなにも些細なことが意外にも直結してくるものなんだということを痛感しています。だから、とにかくまずは〝キズを作らない努力〟が必要。そしてなにごとにも細心の注意を払わなければいけません。それでもできてしまったキズ痕[*3]には、できるだけ日光を当てないようにすることも大切。掻《か》いたり摩擦させたりするのはもってのほかです。摩擦が肌に厳禁なのは、たるみやシワを作るからだけではなく、できてしまったキズを一生ものの色素沈着にしてしまうからだという新たな認識も心に留めておいてくださいね。

＊1
28日周期と言われている肌のターンオーバーは若いときの話。40代になると60日ぐらいかかるとも言われています。

＊2
ケロイド体質です。

＊3
私は「バイオイル アットノン」を塗っています。色素沈着してしまった部分には、ドクターズコスメのアンプルールラグジュアリーホワイトコンセントレートHQ110を。

【BEAUTY LESSON】

tips

09

体脂肪率
9%増の悲劇

ある日、少し太ったかな？ と思って乗った体重計。すると19%程度だった体脂肪率が28%に！ それがウォーキングを始めたきっかけです。

去年の秋、ふと体重計に乗ったら、なんと体脂肪率が9％も増えていて愕然としました。今まで体脂肪率はほとんど変動したことがありませんし、体重が大幅に増えたわけでもないのに、まさかの9％の増加。筋肉をつけないと体脂肪は落ちないと知りながらも今まで運動をまったくしてこなかった代償とはわかっていましたが、急にジムに通うのは厳しいと判断し、まずは毎日のウォーキング[*1]と腹筋[*2]から始めました。3ヵ月ほどかけて地道に3％くらい落としましたが、まだ25％くらいある状態です。

　体脂肪の適正値[*3]は年齢別に変わってきますが、こんなに大幅な変化が1年の間に起こったことが衝撃でした。さらに、若いときなら1〜2週間甘いものを控えれば落ちた体重も、今は2ヶ月続けても全然結果が出てくれません。その話をサロンのお客さまにしたところ「40代以降は、2ヶ月なんてやったうちに入らないですよ。最低半年は続けなきゃ」と励まされ、確かにと納得。身体も肌も40代からは、すぐに結果が出ることなどないのです。そしてなにより、40代を過ぎてからの「代謝の落ち」は突然ガクッとやってきます。食べる量が減ったのに太ってしまう……というのも不思議ではなくなります。私の場合、それが41歳のときに訪れました。あのときの衝撃といったら……。あまり体重の増減を気にしたことのない痩せ体型の人ほどより感じやすい変化のはずです。

＊1
→120ページ参照

＊2
寝る前に布団の中で足上げ腹筋を20回だけ行っています。

＊3
女性の体脂肪率の平均値は、18〜39歳までは標準（マイナス）で21〜27％。20％以下は痩せ。40〜59歳では標準（マイナス）で22〜28％、21％以下は痩せ、と言われています。

【BEAUTY LESSON】

tips

10

太ってもダメ、痩せてもダメ

お気に入りの服は入らなくなるのに、顔の印象は痩せていくという、相反する現象が同時に訪れました。一体どうしたらいいのでしょう。

過去2冊のどちらの本でも着ているお気に入りだったワンピース[＊1]があります。実はそのワンピースを「体脂肪率9％増」[＊2]が発覚した頃に着てみたところ、なんと脇のファスナーが閉まらずに縫い目が裂けてしまったのです。その頃は、それ以外にも何年もはいているスカートの何着かが入らなくなった時期でもありました。そんなふうに体型の変化を感じる一方で、「顔の肉はどんどん〝やわやわ化〟して頬やまぶたは痩せていく」という現象が起こり始めます。つまり、残念ながら太っても老ける、痩せても老ける、という八方ふさがりの状態になるのが40代なのです。

それに抗うべく今私が行っているのは、顔の肉を落とさないために1日1回、必ずお肉を食べることです。[＊3]アミノ酸[＊4]をしっかり摂ることが顔を若々しく保つカギ。そして代謝を上げるために、とにかく姿勢をキープしながら歩くことを意識しています。さらに寝る前の腹筋は欠かせません。その甲斐あって、着れなくなっていたスカートはまた入るようになり、顔も一時期に比べると引き締まったかな？　と思っています。しかしながら、結果が出たのは半年かけてやっと、という時間のかかり方。そう、何に関してもすぐに結果が出ないのが、40代の特徴なのです。焦らず、気長に捉えることが本当に大事なんだなと、つくづく感じています。

＊1
1冊目の『石井美保のBeauty Style』ではP88、2冊目の『石井美保のSecret Beauty』では表紙で、それぞれ着ているワンピースです。

＊2
↓036ページ参照

＊3
女性が1日に必要なアミノ酸をたんぱく質から摂るには、1日でお肉を200g食べる必要があるのですが、200g摂るのはなかなか難しいので、最低100gをルールにしています。それ以外のたんぱく源としては、豆乳を毎日飲むようにしています。お気に入りはprovamelのSOYA STRAWBERRY ERDBEER。

＊4
注目のDアミノ酸は発酵玄米黒酢のドリンクで。よく飲むのは福山黒酢の桷志田泉。

【BEAUTY LESSON】

tips

11

30代は下り坂、40代は崖

きっと今まで美容に対して前向きに取り組んできた人ほど、「40代は崖」という感覚を抱きやすいと思います。でも落ち込まず、前向きに。

肌や身体に、予想もしていなかったことが起こったり、それまでの常識が覆《くつがえ》されたり、当たり前だと思っていたことが突然当たり前でなくなったりする40代。さらにもっといろいろな現象が次々に降りかかってくるのがこれから先、40代以降の美容なんだなと、42歳を迎えて、いい意味で前向きな覚悟ができた気がします。これまではとにかく「美容が好き！」という気持ちだけでいろいろ乗り越えてきたけれど、それだけでは前に進めなくなります。けれどここで心が折れてしまったら、今までの〝美容貯金〟と思っていたものが一瞬でなくなって、転がり落ちてしまう……。それが現実なんですよね。

例えるならば、「30代は下り坂、40代は崖」。老いのスピードというものは容赦ありません。ちょっとした油断で、すぐ負の方向へ流されてしまいます。若いときはたくましい再生力があるけれど、今は失ったものを巻き戻す力も衰えているので、リカバリーだって容易ではありません。ちゃんとつかまっていないと、あっという間に転落してしまうのです。おそらくこの感覚は、私のような〝美容好き〟な人ほど感じやすいことだと思います。でも、私も同じ心境だからこそ、今この本を届けたいと思いました。私自身、まだ悩みの全てに完全な正解が出たわけではないけれど、私なりに日々模索しながら新たな価値観を見つけてこれからも共有できたらいいなと思っています。

CHAPTER.
大人美論

2

【Mind】

Tips 12–19

今だからわかる「あのときやるべきでなかった」こと

予期せぬ変化が起こる40代。
新たな局面を迎えるたびに、
「もしかしたら若いときのあの習慣がなければ……」と
過去の自分に時間を巻き戻してしまう
ことがあります。それほどネガティブに
捉えているわけではないけれど、
今まだその地点にいるみなさんには
私と同じ後悔をしてほしくないんです。
だから、これから私がお話しすることに
少しだけ気を留めてみてください。

@ Maison Plisson

address: 93 Boulevard Beaumarchais, 75003 Paris
https://lamaisonplisson.com/fr_FR/

【BEAUTY LESSON】

tips

12

マクロビ生活の代償

20代中盤から後半にかけて行っていたマクロビ生活。あのときの食生活が、今の私にいろいろな意味で影響を与えている気がします。

26歳くらいから29歳でサロンを開くまでの数年間、ストイックなマクロビ[*1]生活をしていました。学生時代に体質が変わって肉アレルギーになって味覚障害を起こしたこともあり、娘の出産を経て身体の立て直しについて真剣に考えなくてはと思っていたときに、出会ったのがマクロビだったのです。まだ世の中的にも今ほどマクロビが一般化していない時代でしたが、いろいろと自分なりに勉強して料理教室にも通いました。私はやり始めるとのめり込んでしまうタイプなので、厳密にルールを守って実践していました。動物性たんぱく質を一切摂らず、油もなたね油のみを少量という食生活。その当時の私は、今思うと潤いがなくパサパサでカリカリで、正直言って〝美しい〟という基準からはかなり外れていたと思います。でもマクロビから学んだ素晴らしいこともたくさんあります。白いお砂糖や化学調味料を使わない調理法や、季節に合った野菜の見分け方、食材を陰陽と中庸に分けて選ぶ方法など、今も自宅でご飯を作る際に実践していることばかりです。[*2]

ただ、あのパサパサ、カリカリの乾燥していた時代の食生活が、40代に入って今直面しているさまざまな現象に少なからず影響しているのではないかと、どうしても思ってしまうのです。あの数年間のロスがなければ、もう少し老化の時計を遅らせられたかもしれない……そんなふうに思ってしまいます。

P043 COORDINATE
TOPS : Borders at Balcony
SKIRT : Repetto

*1
マクロビオティックの略。「マクロビ」とは、自然に即した生活を送り、健康と長寿と平和な心を確立するための生き方を指します。一番は食事。動物性のもの、特に肉は食べず、無農薬、自然農法の穀物や野菜を中心としたものが基本です。

*2
冬に身体を冷やす食べ物は食べないようにしています。また、サラダも冷たいものは避けてなるべく温野菜を。トマトは生のままで食べず、ソースにしたり、グリルで食べたりしています。

【BEAUTY LESSON】

tips

13

「身体を冷やす」が本当にダメな理由

今では世代を問わず一般化している「温活」。私も20代のときから身体を冷やさない意識を持っていたら……と後悔しています。

若い頃によく、「身体を冷やしてはいけない」と周囲から言われていませんでしたか？　あの頃は理由がわからずなんとなく聞き流していたけれど、最近になってその真意がよくわかります。**40代の女性の身体のあらゆる悩みの多くが実は「冷え」からきている**からです。私自身も40代になってから慢性的な疲れやだるさをものすごく感じるようになりました。[＊1]きちんと睡眠を取ってもダメ、栄養ドリンクを飲んでもダメで、もしかしてなにか深刻な病気なのではと心底不安になったほど。そんな折に、「冷え取り健康法」[＊2]を始めたのですが、その方法でいきなり体調がよくなったのです。帰宅後はすぐにシルクの5本指ソックスと先丸ソックスを重ねばきしています。本当は4枚ばきが正しい方法ですが、まずは2枚から始めました。そしてシルクのレギンスをはいて、その上からパジャマを。最初は暑くて少しツラかったのですが、だんだんと慣れてきました。[＊3]夏でもこの方法を続けています。

　下半身を温めて、身体全体の温度が均一になると、全体的にむくみにくくなり、顔色もよくなりました。今では「温活」という言葉も一般化していて、温めることの大切さが雑誌などでも提唱されていますが、私が20代のときにはそこまで浸透していなかったので、若いときからやっていればよかったな……とつい思ってしまうのです。

＊1
1ヶ月のうち、スッキリと体調のいい日が1日くらいしかありません。

＊2
「冷え取り健康法」は4枚の靴下を重ねて足元を温める方法。1枚目がシルクの5本指、2枚目がシルク or 麻 or ウールの5本指、3枚目がシルクの先丸、4枚目に再びシルク or 麻 or ウールの先丸靴下を重ねます。

＊3
「冷え症」と「冷え性」は別物で、前者は自律神経の乱れからくる血管障害、後者は血行不良からくる特定の場所に冷えを感じる症状を指します。女性は上半身と下半身では5℃くらい体温が違うそうで、上半身は血が巡っても、下半身は滞ってしまっていて「冷え性」になるというわけです。

【BEAUTY LESSON】
tips
14

歯の噛み合わせと40代のたるみ

日々"やわやわ化"する40代の顔の肉が、もしゆがんだ骨格にくっついてしまったら……。噛み合わせの悪さは「たるみ」に直結するのです。

あの頃の自分を振り返り、改めて思う「こうしておけばよかった」ことのひとつに、「歯の噛み合わせの調整をちゃんとしておけばよかった」ということがあります。私の場合、若いとき[*1]に歯並びの矯正をしたのですが、噛み合わせまで考慮したクリニックではありませんでした。そもそもそのような観点からクリニック選びをしていなかったのです。ところが、40代に入って「歯が削れて高さが3分の1くらいになっていますよ」と歯医者さんに言われ、衝撃を受けました。実は寝ている間の食いしばりと歯ぎしりで、歯が深刻なまでに削れてしまっていたのです。それだけの負荷がかかっているわけですから、顔の骨格や輪郭にも大きな影響を与えているのは間違いありません。

　削れた歯はすぐメンテナンスできましたが、噛み合わせのズレは直すのが大変。結局、現在2回目の歯列矯正中[*2]です。だいぶよくなってきましたが、顔のアシンメトリー感はなかなか直せません[*3]。今はメイクで補正[*4]しながら左右のバランスを整えていますが、今後はそのズレからくる「たるみ」や「崩れ」がどんどん襲ってくるはずです。なぜならたるみというのは、骨の痩せてきた部分やズレてきた部分にある肉が〝やわやわ化〟して起こるからです。とりあえず娘には、「今のうちから偏った噛みグセをつけないように気をつけてね！」と忠告しています。

＊1　20代前半、そもそも最初の矯正を高校生くらいでやっておく方がいいというのが今の常識なのでやるのが遅かったと後悔しました。

＊2　歯の裏側に装置をつけるタイプのものをしています。現在は最終段階に入っていて、寝ているときだけ装着するタイプのもので噛み合わせと歯並びを調整中。

＊3　小鼻の横から耳までの距離を測るとなんと左右で1㎝も違うのです。

＊4　左右のアイラインの太さを変えたり、目尻のはね上げの角度を変えたりしています。また、チークやハイライトで類の奥行きを調整しています。

【BEAUTY LESSON】

tips

15

笑顔の練習って大事！

真顔でいるだけで「怒ってる？」と聞かれてしまう40代。日頃から、そして若いうちから笑顔の練習をしておくことがとても重要ですよね。

@ CLAUS
Saint-Germain-Des-Prés

address: 2 rue Clement 75006 Paris
https://www.clausparis.com/

DRESS：self-portrait

私はもともと自分の笑顔に自信がありませんでした。仕事で写真を撮っていただくときにも、カメラマンや編集の方に「もうちょっと笑ってください！」と言われてしまうこともしばしば。なので、最近は気づいたらすかさず笑う練習[*1]をしています。行きつけの鍼《はり》[*2]でも年間計画で笑う筋肉を起こしてもらう施術をして、だんだんと口角も上がるようになってきましたが、若いときに笑顔を意識する習慣がなかったので、これがなかなか難しいのです。そもそも40代の真顔って、それだけで周囲に気を遣わせたり、ときには「怒っているの？」と言われたりしてしまうのです。

20代のハート形の輪郭[*3]にアンニュイな表情はミステリアスで可愛いけれど、40代になると、ただ不機嫌な人にしか見えない……という悲しい落とし穴です。だからこそ、コンビニでもスーパーでも、店員さんとの何気ないやり取りの中でも、自分が思っている以上の笑顔で対応して、ニコニコとした表情を作る訓練をしておくことが必要です。そんな思いから、私の新メソッド「にっこり固め」[*4]が生まれました。

＊1
私の場合は右の口角の方が上がりにくいので右側だけをキープしたあと、頬の筋肉から口筋にかけて全体を使って笑うというトレーニングをしています。

＊2
六本木にある寺林治療院で美顔・電気鍼30分コースを受けています。集中して整えたいときは10日に1度。メンテナンスとしては月に1度のペースで通っています。

＊3
↓019ページ参照

＊4
↓084ページ参照

【BEAUTY LESSON】
tips
16

どこに
行っちゃったの……
私の眉

アラフォー世代のほとんどが、若いときに極細の眉にしていたはず。あの頃はとにかく毎日毛抜きをしていて……そういう時代でしたよね。

＼メイクをした眉／

＼素の眉／

▷ 眉毛の描き方はP.112で解説

いわゆる「アムラー世代」ど真ん中の私。10代の頃は、例にもれず、眉毛を思い切り細くしていました。[1] 私と同世代の方はほぼ全員同じ悩みを持っていると思いますが、抜き過ぎたせいでもう眉が生えてこないのです。そして、生えてこないだけではなく、抜いた痕がシミになってしまっていることも。でもまぶたにはレーザーを当てることができないので、シミをパッと取ることもできず、美白コスメ[2]でコツコツお手入れするしかありません。

もっと言ってしまうと、眉毛を抜くときに立毛筋《りつもうきん》[3]を傷めてしまっているので、それが今になってまぶたのたるみを余計に招いているなと思うのです。[4] あの頃はとにかく余分な毛が生えていることが許せなかったけれど、[5] 知識のないままケアしていたことが、今になって老化の大きな原因になっていたなんて……。だから、これからもし再び細眉ブームがやってきたとしても、むやみに抜くのは絶対に厳禁！ 抜く以外の方法でトレンドにアプローチするようにしてほしい！ と切に思うのです。

＊1
しかも全然似合ってなかった……(笑)。私のメイクの歴史の中で最も黒歴史だったと言えるかも。

＊2
アンプルール ラグジュアリーホワイト コンセントレート HQ110

＊3
「立毛筋」は毛1本1本の根元の皮膚に存在している筋肉のことです。

＊4
それだけでなく、眉周りの皮膚の質感が、キメが粗かったり、ボコボコしていたり、ちょっとくたびれていませんか。残念ながら、これは治らないのです。

＊4
拡大鏡を使ってまで完璧に抜いていたほどでしたが、そんな必要は本当にありません。他人から見た距離で眉毛の形が整っていれば大丈夫。アウトラインが整い過ぎていると眉毛がのっぺり悪目立ちするので要注意。

【 BEAUTY LESSON 】

tips

17

「甘いものを食べる習慣」の恐怖

「糖化」という言葉が浸透したのもここ数年の話。もっと早く知っていれば、甘いものをやめていたのに……と後悔せずにはいられません。

20代後半の極端なマクロビ生活[*1]のあと、その反動もあってか、ものすごく糖質依存してしまいました。当時は仕事が忙しくて日中きちんと食事をする時間が取れないので、サロンワークの合間にチョコレート[*2]をパクッと食べて、とりあえず空腹をしのぐ……という日々が続いていました。30代のうちはそれでも別段太るわけでもなく、自分の中で〝糖分は集中力を高めるための正義〟と位置づけていたので、一時期は飴を毎日ひと袋食べてしまうほど依存。チェーンスモーカーならぬチェーンキャンディー状態でした。しかし40代になって、一連の肉の〝やわやわ化〟が起こり、それが糖質過多、いわゆる「糖化」によるものだとやっと気づいたのです[*3]。

〝やわやわ化〟をまだ感じていない方にも、少し実感している方にも、ぜひ毎日実践していただきたいのが、頬骨の下やほうれい線周りを指先でトントンと触る「肉質チェック」です。私は30代の頃から毎朝必ず素肌のチェックをしていますが、以前はそれが水分と油分のチェックだけだったのに対して、今は弾力があるかどうか、それが最も重要になってきています。トントンと肌を触ったときに、跳ね返す感じがあるか、それともすぐコツンと指先が骨に到達してしまうのか。みなさんはどうですか？　まだ弾力を感じる方は、その感触をよく覚えておいてくださいね。

＊1
→044ページ参照

＊2
ミルクチョコレートとホワイトチョコレートを溺愛。でもパッケージの裏にある成分表を見てみてください。最初に「砂糖」ときているはず。要するに、砂糖を食べているのです。

＊3
「糖化」とは糖とタンパク質が結びついて、コラーゲンやエラスチンを変性させてしまう現象のことをいいます。黄ぐすみやたるみを招きやすくなります。

【BEAUTY LESSON】

tips

18

「運動しない主義」は通用しない

根っからの文化系な私は、運動と無縁な人生を送ってきました。でも代謝の低下が招く現象にあらがうためには、運動が必須なのです。

40代を迎えるまで、本当にほとんど運動をせずに過ごしてきてしまった私*1ですが、ここのところ立て続けに起こっている肌と身体の変化を思うと、運動することの重要性を感じずにはいられません。体脂肪率の9％増*2がきっかけで始めたウォーキングですが、歩くようになって代謝がアップしたら、身体のラインが少しずつ変わってきただけでなく、顔のツヤがよくなったり、たるみも少し改善されたり、肌にも嬉しい変化が起こってきました。30代で感じていた〝老い〟とはまた違う〝老い〟*3が襲ってくるようになって、肌と身体の相互関係がより明確にわかるようになった気がします。

　そして40代にとってなによりも大事なのが「骨盤底筋《こつばんていきん》」*4。今までは筋肉と言えば、ひざ上丈のスカートをはいたときに見える脚の筋肉しか気にしていなかったけれど、今は人から見えているパーツだけに注目するのではなく、身体そのものを支える骨盤底筋をケアしなくてはいけない！と思うようになってきました。以前はヒールで歩けばヒール筋が鍛えられるからそれでOKといういい加減な考えでしたが、そもそも骨盤底筋はヒールでは鍛えられません。スニーカーをはいて、横隔膜を引き上げながら行うウォーキングや毎日の腹筋運動がどうしても必要になってきます。「私、運動しないから」なんてクールに言っていた自分を、今となっては恥ずかしく思ったりします。

---

*1
学生時代は「体育２」。ジムにも通ったことがありません。

*2
→０３６ページ参照

*3
30代の老いは顔と身体が直結していませんでした。40代は身体の筋肉量や姿勢が顔の印象に直結し、筋肉量が落ちれば顔までクタクタになってしまうのです。

*4
「骨盤底筋」はその名の通り骨盤の底辺にある筋肉のこと。恥骨、坐骨、尾骨についている筋肉です。ここがゆるむとぽっこりおなかになる、お尻が垂れる、下半身に贅肉がつきやすくなるなどのデメリットが。

【BEAUTY LESSON】
tips
19

自活力を
封じ込める
「与え過ぎケア」

軽い思いつきから“与えない”ケアをした数日間がスキンケア本来の意味を考え直すきっかけに。肌の力を信じよう！ と前向きになれました。

　昨年のお正月、年末から三が日にかけての5日間[*1]、どこにも出かけず、ひたすら家で〝おこもり〟をしていました。そのときに思いつきで「肌断食」を行ったのです。メイクはせず、朝と夜の洗顔のみで、肌に何も与えない。そうしたら、自分の肌の調子が最高潮によくなったのを実感し、「そもそもスキンケアってどうして必要なの？」「やっぱり肌を甘やかし過ぎていない？」など、肌のことを考え直すきっかけになりました。メイクをするからそれを落とす、そのときに肌に負担がかかるからスキンケアが必要になる。子供や男性の肌がスキンケアをしなくても乾燥しない理由は、一連の行為がないから、という基本的な事実を、自分の肌をもって体感した気がしました。

　と同時に、40歳を過ぎた肌でも、見捨てずにちゃんと向き合ってあげれば、肌の自己回復力[*2]でまだまだこんなにもキレイになれるんだ！　ということに気づくことができたのです。この「肌断食」体験以降、私の肌悩み項目の筆頭にあった「乾燥肌[*3]」は完全にリストから消えました[*4]。

　ここまでは40代を迎えてから私の身に起きたあれこれをお話ししてきましたが、本来の力を信じてあげれば、肌は挽回する可能性がまだあります。誰もがまたひとつのスタートラインに立つ40代。これ以降は自分の肌と丁寧に対話できる人が美肌を育んでいけるのではないかと思います。

＊1　その5日間でひたすらカメラのオンライン通信講座を受けて勉強したり、普段見ない海外ドラマを見たりしていました。

＊2　自ら潤う力、潤いを溜め込む力。

＊3　20代〜30代前半は深刻な乾燥肌。どこのコスメカウンターで数値を測ってもらっても、水分・油分共にグラフの枠外でした。

＊4　今は洗顔後何もつけなくても肌がつっぱりません。そして30分くらいで自分の肌が脂を出して適度にしっとりするという状態です。

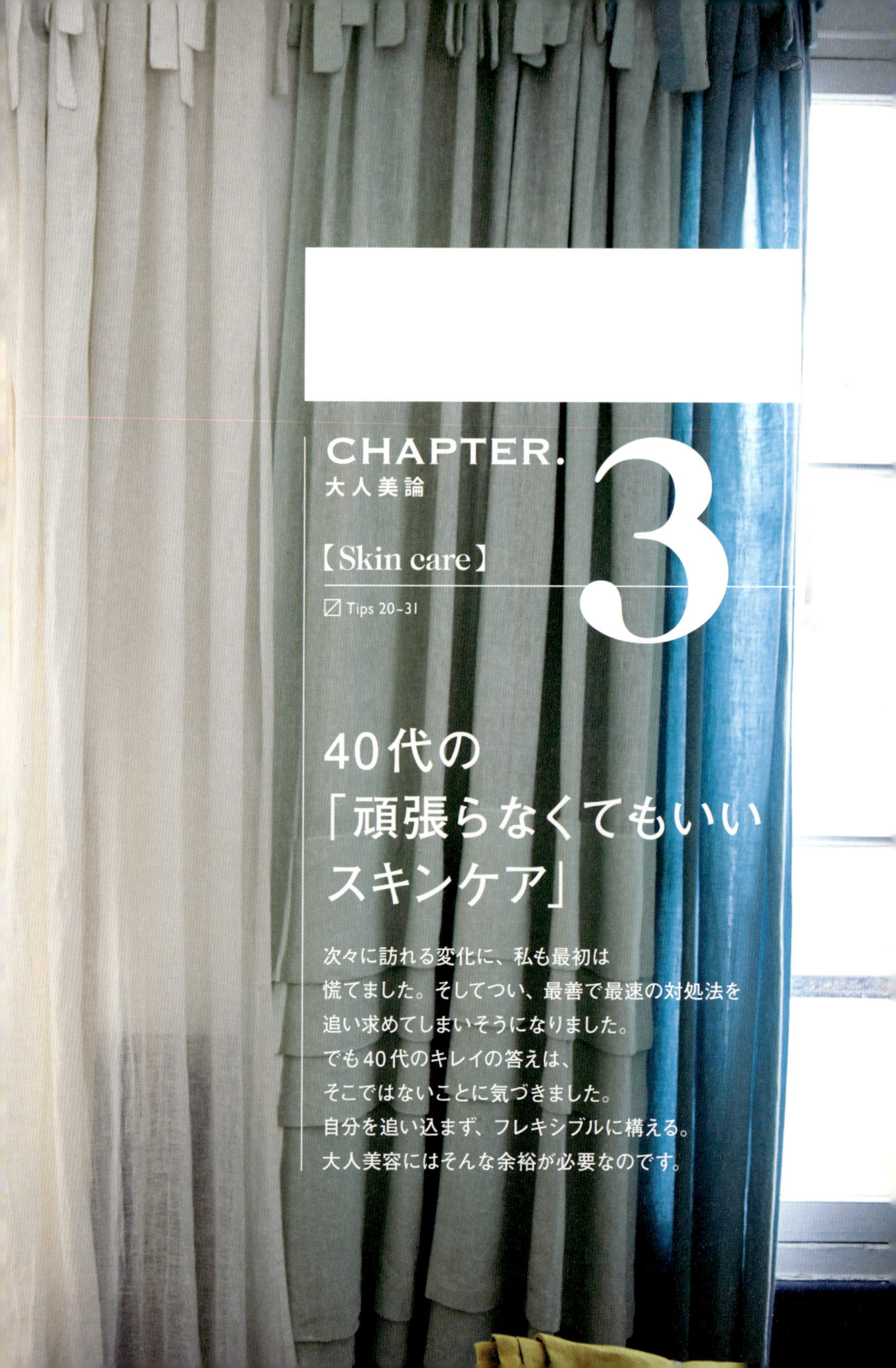

CHAPTER. 3

大人美論

【Skin care】

Tips 20-31

40代の「頑張らなくてもいいスキンケア」

次々に訪れる変化に、私も最初は
慌てました。そしてつい、最善で最速の対処法を
追い求めてしまいそうになりました。
でも40代のキレイの答えは、
そこではないことに気づきました。
自分を追い込まず、フレキシブルに構える。
大人美容にはそんな余裕が必要なのです。

@ BORGO DELLE TOVAGLIE
address: 4 Rue du Grand Prieuré 75011 Paris
https://www.borgodelletovaglie.com/en/

【BEAUTY LESSON】
tips
20

「肌断食」が教えてくれたこと

“やらないケア”の大切さを知ったり、ストイック過ぎないマイルールができたり。「肌断食」がきっかけで、たくさんの変化がありました。

お正月の「肌断食」体験を経て[*1]、長年の乾燥肌を克服した私ですが、そうは言っても〝毎日スキンケアもメイクもまったくしない〟というわけにはいきません。実は、私のサロンの40代後半のお客さまの中に、「完全肌断食」を実践している方がいらっしゃいます。彼女はスキンケアを一切せず、メイクもせず、牛乳石けんで朝晩洗顔をするだけ。最初の頃はゴワゴワカサカサだったそうですが[*2]、焦らず1年続けたことによって、赤ちゃんのようなツヤ肌に生まれ変わりました。彼女は、私が人生で出会った女性の中で一番の美肌の持ち主。私にとっても、ものすごく理想的な肌です。でも、私はメイクが好きだし、メイクで変われる瞬間のときめきも好きなのです。だから彼女のように完全な「肌断食」はできないけれど、夜は〝与える〟よりも1日の汚れや疲れを取る〝落とす〟ケアに重点を置く「夜だけ肌断食」をやってみよう！と思い立ちました。

以前ならお風呂上がりは「まずスキンケアしなきゃ！」と、身体を拭くよりも先に化粧水を慌てて塗っていたほどでしたが、今はそこでちょっと時間を置いて[*3]、自分自身の〝潤す力〟を試してみます。小さな違いですが、少しずつ肌が変わっていくのを実感できて面白いのです。もちろん、必要と感じたときは夜に時間をかけてスキンケア[*4]することもありますよ。そんなふうにゆるっと始めた「夜だけ肌断食」が、今はスキンケアの基本になっています。

P061
COORDINATE
TOPS : DRAWER
SKIRT : DRAWER

*1
→058ページ参照

*2
彼女は職業が医師だったので、毎日マスクで顔を隠せる利点で続けられたそうです。

*3
1〜2分置いてピリピリとつっぱらなければそのまま何もつけずに放置。少し乾いているなと感じたら通常のスキンケアを簡単にします。

*4
美白のマスクや保湿のシートマスクを。

【BEAUTY LESSON】
tips
21

落とす夜、与える朝

夜お手入れすれば翌朝お肌ぷるぷる！ なんて効果を感じにくくなる40代。だからこそ、朝のお手入れを重視する方が賢いと思うのです。

Recommended items

私が考案したクレンジング。ポンプ式で泡立て不要。パーフェクショネール クレンジングフォーム 150ml ¥4,280／エール

じっくりケアを夜はやらずに朝やる理由。それは「肌断食」から得た実感によるものも大きいのですが、それと同時に〝せっかくお手入れをしても朝洗うと流れてしまうから〟というシンプルな理由にも基づいています。30代の「スキンケア大好き期」には、夜、特に撮影前日は2時間[*1]くらいスキンケアをしていました。でも今は撮影前日の夜も、ほとんどやっていません。それよりも一刻も早く寝たい。その代わり朝はたっぷりと時間をかけてケアします。

もちろん〝朝を簡単にして夜をじっくり〟にしてみたこともあります。でも、それだと撮影のときの写りが全然よくないのです。ならば、いっそのこと夜ケア自体を省いて朝ケアに重点を置いてみたらどうかと考えたのです。昔は、夜シートマスクをすると、翌朝肌がぷりっとしていたけれど、40代になるとそうもいかないし……（涙）。とにかく朝の洗顔のあとにたっぷり潤いや美容成分を与えるために時間と労力をかけようという考え方です。なので私はどんなに忙しくても、朝は20分スキンケアが欠かせません。その代わり、夜は1日の老廃物をしっかり流すだけ。メイクを落として[*2]、寝具を整えて、加湿をしてあげれば、夜のお手入れは十分です。

＊1 クレンジング→洗顔→ピーリング→美顔器→シートマスク→スキンケア→スチーマー→クリームマスクとやると2時間くらい費やしてしまいます。やり過ぎですよね（笑）。

＊2 上でも紹介しているパーフェクショネール。優しい泡でポフポフ押し洗いするだけでメイクが落とせる、ダブル洗顔不要のクレンジングフォームです。私の夜の落とすケアは、これがメイン。自社開発して以来かれこれ7年使っています。

【BEAUTY LESSON】

tips

22

朝の洗顔、する？
しない？

スキンケアにはさまざまな方法が存在しますが、40代のお手入れで心がけるべきは、多様性を受け入れることなのだと思っています。

Recommended items

ムース状の泡がメラニンや古い角質もオフ。ホワイトプラス ブライト クレンザー 150ml ¥4,500／クラランス

保水力に加えて角質を柔らかくする効果も。シルキー肌に。リセット ウォッシュ 200ml ¥3,000／アクセーヌ

微細の空気を含んだふわふわの泡で。レステッドスキン リキッドウォッシュ 120ml ¥3,200／セルヴォーク

私の朝の20分スキンケアは、まず洗顔から始まります。よく話題になる「朝の洗顔をする、しない問題」。これは人それぞれだと思いますが、私の場合、**前日の睡眠時間によって決めています。**少ししか眠れなかった翌朝はぬるま湯で洗うだけで泡洗顔はナシ。[*1] しっかり睡眠を取れた日は[*2]潤いを落としすぎない洗顔フォームで泡洗顔をする、[*3]というようにしています。「朝、クレンジングをする」という方もいると思いますが、脂分が少なくなる40代になったら一度見直すことをおすすめします。

ただし私が最近思うのは、**「正解はひとつじゃない」**ということ。30代までは〝究極の一択〟をずっと突き詰めてきたけれど、40代になるとそれだけでは壁にぶち当たってしまうことがあります。強引にひとつに決めようとすると苦しくなってしまうはず。私のように、自分のメソッドを確立していた方も、40代になるときっと新たなトラブルが起こるでしょう。そんなときもたったひとつの答えを求めるのではなく、臨機応変な心持ちでいることが大切なのです。

＊1
スキンケアをしたとしても2〜3時間しか睡眠を取れなかったならぬるま湯ですすぐのみに。

＊2
スキンケアをしてたっぷり寝たなら、肌の上でスキンケアの油分と皮脂が混じって酸化しています。また、肌断食でたっぷり寝た場合は顔についているものは皮脂と汗のみですが、毛穴の汚れの原因になるためやはり泡洗顔が必要です。

＊3
洗顔は「生クリーム塗り」。スポンジケーキに生クリームを塗るときの要領で泡を広げ、押し洗いせずにすぐ洗い流します。

【BEAUTY LESSON】
tips
23

結果の出やすいくすみケアを徹底的に

ゆらぎ肌状態が永遠に続く40代は、くすみ対策も一筋縄ではいきません。たっぷりケアを毎日、ではなく、ときにはそっと見守る余裕も必要。

40代になると全体的に透明感を出しにくくなることはお話ししましたが、[*1]さらにもっと言うと、毎日が「ゆらぎ肌」になります。ホルモンバランスの影響やストレスにより大人の肌はゆらぐのです。そしてこの「ゆらぎ」が肌をくすませる原因に。くすみの原因が複雑化している今こそ、あらゆる方面からくすみケアを徹底したいところです。くすみから脱却する方法は3つ。1つめは、代謝が落ちて溜まりやすくなった肌の角質を落としていつでもフレッシュな状態を保つこと。2つめは、多様化されたブースターコスメを使って、肌の潤いの底上げをすること。3つめは、最先端の科学技術を搭載した「効く」美白コスメを投入すること。角質ケアは毎日行うライトなもの[*2]から、週に1回程度でOKのもの[*3]まであります。肌を触ってみて、少し硬い→ごわつく→ざらつくの変化によって使い分けてください。ブースターは炭酸系が手っ取り早く、その場ですぐに透明感も上げられる優秀さ。また、肌が硬いときの角質ケアと併用するなら温泉水のプレローションや、オイル系ブースターで肌を柔らかくほぐしてあげましょう。そして美白コスメ。しっかり効果の感じられる美白美容液が今は多くあります。そこは投資と思って少し高価なものでも試してみる価値アリ。くすみケアを取り入れれば、肌の見た目の底上げはすぐに叶うので、そこから先のお手入れのモチベーションアップにもなります。

---

*1 ↓032ページ参照

*2 クレイの入った洗顔や酵素パウダーの洗顔など。

*3 スクラブ入りのものなど。

その日の「くすみ具合」を見てチョイス！

Care-1
【ブースター】

十分な保湿が大前提のくすみケア。ブースターで潤いを引き込む準備を。

日中の乾燥や環境ストレスからガードする役割も果たすブースター。オモロヴィッツァ オモレッセンス 100ml ￥15,000／エスティ フィロソフィ

パチパチの炭酸泡が肌に驚くほど浸透。エリクシール シュペリエル ブースターエッセンス 90g ￥2,900（編集部調べ）／資生堂

独自の処方により高濃度の炭酸をローションに。リファミスト ￥34,000（別売ジェル化粧水 リファジュエルマスク 40ml ￥5,500）／MTG

ウォーター層とオイル層、バイフェーズタイプのプレ化粧層。リプラスティ プレソリューション 150ml ￥13,500／ヘレナルビンスタイン

肌の水分＆油分のバランスを調整。ブライト肌に導く。ネクターブラン ウォーターオイル フレッシュデュオ 50ml ￥4,000／メルヴィータ ジャポン カスタマーサービス

Care-2
【ゴマージュ・角質オフクレンジング】

“落とすケア”が重要な40代。優しくしっかり洗い上げるアイテムを厳選。

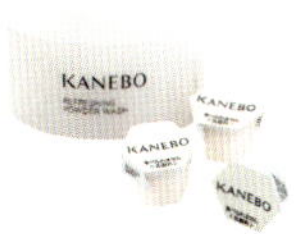

上質な泡立ちの酵素洗顔。古い角質もケア。KANEBOリフレッシング パウダーウォッシュ 0.4g×32個 ¥3,000／カネボウインターナショナルDiv.

拭き取り化粧水。加齢によりスカスカになった細胞間の“角質ムラ”をサポートする。マジェスタ コンクβ 180ml ¥7,500／ナリス化粧品

リッチなクリームを思わせる極上の感触。1日の汚れを優しくオフ。AQ ミリオリティ リペア クレンジングクリーム 150g ¥10,000／コスメデコルテ

ハンガリー湿原の泥とアーモンド油を配合。小鼻の黒ずみも一掃。オモロヴィッツァ クレンジングバーム 50ml ¥11,000／エスティ フィロソフィ

天然由来のクレイが不要な汚れをスッキリとオフ。クレ・ド・ポー ボーテ ゴマージュネトワイアン 75g ¥5,000／資生堂インターナショナル

Care-3
【美白】

最先端の科学技術を搭載した頼もしい逸品で、白さにトドメを。

白肌遺伝子に働きかける光治療発想の新成分を配合。定着してしまったシミを封印。ホワイトフォトショット 30ml ¥9,000／エピステームコール

ふっくらとしたハリのあるパールのような肌に導く。アプソリュ プレシャスセル ホワイトオーラ エッセンス 30ml ¥36,000／ランコム

ファーミングとブライトニングを同時に叶える優れもの。イルミネーティング パールフュージョン エッセンス 30ml¥58,600／ラ・プレリー

【BEAUTY LESSON】

tips

24

なによりも「糖化」ケア

「糖化」という意識、もっと若いときから知っておきたかった。今は抗糖化コスメもいろいろ。ひとつは取り入れて未来の肌に備えましょう。

とにかく悲しいほど急激に〝やわやわ化〟していく40代の顔の肉。その大きな原因のひとつに、先ほどもお話しした「糖化」があります。私も飴やチョコレートを食べることがずっと習慣化していたのでまさに実感しているところなのですが、サロン[*1]のお客さまを観察してみても、甘いものを摂る習慣がある方とない方で、〝やわやわ化〟具合の差は歴然としています。前者の方が明らかに肌の肉質が柔らかく、ゆるんでいるのです。そして肌が黄ぐすみを起こしてもいます。私がそのことに改めて気づいたのは、ほんのここ数ヶ月のことです。

それからはできるだけ甘いものを摂らないように気をつけていますが、一気に変えることは難しいので、できることから少しずつ。そこでまず、以前は必ずバッグに潜ませていた甘いミルクチョコレートをカカオ85％[*2]の糖分の少ないものにチェンジ。慣れてきた今では、むしろ以前食べていたミルクチョコレートやホワイトチョコレートが甘過ぎると感じるようになり、ほしくなくなりました。さらに夜小腹が空くたびに食べていたフルーツをチーズやアーモンドに替えました。ちなみに夜のフルーツも危険[*3]です。私も以前は果物は健康によいと思って夜でも構わず食べていましたが、果物に含まれる果糖は糖化作用が強いのだそうです。特に避けた方がいいのが、ブドウ、リンゴ、バナナ、パイ

＊1
↓054ページ参照

＊2
同じカカオ85％でも、砂糖の割合はそのチョコレートによって違います。裏面の原材料を見て、砂糖が何番目に来ているかをみてください。私のおすすめは、リンツのエクセレンスダークチョコレート85％。砂糖の順番が原材料の後ろから2番目と少ないのがわかります。味もほろ苦くておいしいです。さらに上の90％のカカオ含有量のものになるとかなり苦いので、85％くらいがおすすめです。

＊3
何年か前までは、自分へのご褒美だと思って、夜お腹が空いたときにシャインマスカットを一房丸ごと食べたりしていました。

Recommended items

高いUVカットとともにコラーゲンも生成。スーパーUVカット プロテクト デイクリーム 50g SPF50+・PA++++ ¥10,000／アルビオン

高濃度フラーレンをたっぷりと配合。肌を潤しながら抗糖化作用を発揮。パーフェクト ブライトニング ミストエッセンスVC 120ml ¥7,800／FTC

ナップル、そして全てのドライフルーツ。私の場合はバナナ以外、全て夜食の常連でした。果物のビタミンやフラボノイドなどの抗酸化物質を摂りたければ朝食や昼食時に少しだけ。今はこういった30代から染みついていた習慣を、少しずつ変えていっているところです。

　このように食べ物の習慣を改めることも重要ですが、糖化対策のコスメを活用することも、〝やわやわ化〟する肌に歯止めをかけ、黄ぐすみをはらう上で重要です。40代を迎えたら、毎日なんらかのアイテムで、糖化対策コスメを1品は必ず入れることをおすすめします。糖化といえばやはりポーラの「B．A」が先駆者ですが、最近は敏感肌用のスキンケアでも糖化対策ができるようになりました。また、日焼け止めや日中の潤い補給やメイク直しに使うミストにも抗糖化成分が盛り込まれたりしています。肌が柔らかくなってきた、焼いてもいないのに黄ぐすみがだんだんひどくなってきたと感じたら、抗糖化の始めどきです。抗糖化コスメも多様化しています。

糖化対策の愛用シリーズ

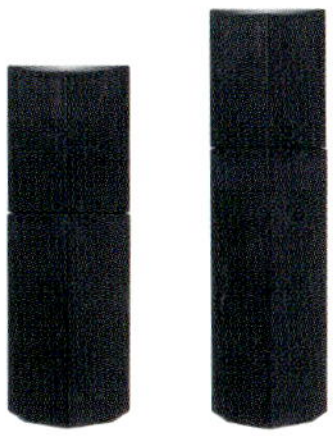

milk　lotion

Pick up-1

【B.A】

糖化対策といえばポーラB.A。繊維芽細胞が生み出す糖タンパク質「バーシカン」の産生をサポート。B.A ローション 120ml ¥20,000、同 ミルク 80ml ¥20,000／共にポーラお客さま相談室

cream　eye cream　essence　lotion

Pick up-2

【DECENCIA】

敏感肌特有の「枯れ肌」にアプローチ。コラーゲン産生を促し、ハリ・弾力のある肌へと導く。アヤナス ローション コンセントレート 125ml ¥5,000、同 エッセンス コンセントレート 36g ¥7,500、同 アイクリーム コンセントレート 15g ¥5,000、同 クリーム コンセントレート 30g ¥5,500／全てディセンシアお客さまセンター

cream　milk　lotion

Pick up-3

【MARY QUANT】

肌が持つ本来の力に着目。年齢による肌の変化にかけない、豊潤なハリのある若々しい肌へ導くスキンケアライン。クヮント バイ　マリークヮント ナリッシング トリート　ローション 150ml 8,500円、同 ミルク 75ml 8,500円、同 クリーム 30g 15,000円／全てマリークヮント コスメチックス

【BEAUTY LESSON】

tips

25

“省エネ”できる賢さを身につける

基本を知っている大人だからこそ、「いるもの」「いらないもの」がわかる。40代からのスキンケアは“省エネ”がキーワードな気がします。

よく「朝20分もスキンケアするなんてすごいですね」と言われますが、20分間ずっとマッサージをしているわけではありません。美容液、乳液、クリームそれぞれを肌アイロンでなじませたあとには必ず1～2分置いて浸透を待って[*1]います。必要に応じてスチーマーを当てながら行ったり、シートマスクを貼って保湿をしたり、乳液をつけたコットンで余分な角質汚れを拭き取ったりしていると、おのずと20分くらいになります。それに私の場合、一般的には夜行うお手入れを朝に行っているので[*2]、1日トータルで考えると、実は〝スキンケアにものすごい時間をかけている〟というわけではないのです。

そして、くすみケアのところでもお話したように[*3]、朝の20分スキンケアも、「今日は自力でしっかり潤っているな」と思ったらブースターの工程を省くこともあるし、逆にMTGの炭酸ミストを使うときは[*4]、肌アイロンなしのこれ1本でたるみとくすみオフの両方叶えられるし……というように、「今日必要なケア」と「今日はスキップしても大丈夫なケア」を使い分けると朝の20分を短縮することも可能です。嬉しいことに、コスメやツールの進化も目覚ましい時代。アイテムに頼れるところはしっかり頼りながら、上手に〝省エネ〟していくことが、無理なく日々のキレイを積み重ねていく上で大切なことだと思っています。

＊1
化粧水のあとだけは、時間は空けずにすぐ次の美容液を塗るようにしています。水分の蒸発を防ぐためです。

＊2
→064ページ参照

＊3
→068ページ参照

＊4
→070ページ参照
下から上に、中心から外側に10秒吹きつけるだけ。目の周りも1周ぐるりと吹きつければクマも解消して目もパッチリと開きます。

【BEAUTY LESSON】
tips
26

乳液ケアが
40代の不安定肌
脱却のカギ

水分＆脂分のバランスを整えるだけで、肌印象はまだまだ変われます。大人の肌のポテンシャルをもっと信じてケアしてあげましょう。

Recommended items

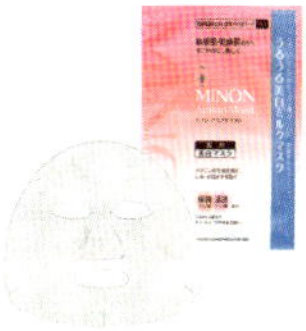

肌荒れと美白に同時アプローチする、乳液シートマスク。ミノン アミノモイスト うるうる美白ミルクマスク〔医薬部外品〕4枚入り ¥1,500（編集部調べ）／第一三共ヘルスケア

とろけるような感触で透明感あふれる白肌に導く。エクシア アンベアージュ ホワイトニングミルク 200g ¥18,000／アルビオン

細胞年齢を左右するミトコンドリアに着目。さまざまな肌老化に作用。ステムサイエンスエマルジョンa 45g ¥15,000／エピステームコール

植物美容学に基づき誕生した乳液。世界中で愛され続ける永遠の名品。エコロジカル コムパウンド 60ml ¥14,800／シスレージャパン

ずばり、今まで乳液を使ってこなかったという40代以上[*1]の方は、すぐに乳液を手に入れてください。季節によっては使っているという人も、オールシーズン、マストです。大人の肌は、私達が思っている以上に、ほとんど皮脂分泌はされていません。[*2] 現にサロンのお客さまの中にも、肌の老化現象から脱却するきっかけになったのが実は乳液という人はとても多いのです。毛穴が開いているのも、シワができるのも、肌の中の水分&脂分のバランスが乱れているせい。もちろん40代以上の場合、それだけが原因ではありませんが、まずはそこを整えることから始めてみてください。肌がひどく落ち込んでいるときは、乳液を浸したコットンパック[*3]をするのもおすすめ。それだけで肌がふっくらと持ち上がり、ツヤが生まれます。

さっぱりとしたテクスチャーが好きな人も、オイリー肌の人を除き40歳のラインを越えたら一度立ち止まって考え直すべき。逆に考えれば、乳液を使うだけで、まだまだ美肌の伸びしろができるということなのです。

---

*1 もちろん40代未満の方でも乾燥肌の方は同様の考え方をしてください。

*2 私のサロンRicheでは私が専門でやらせていただいているレタッチピーリングコンサルというメニューがあります。毎回、施術の最初に肌の測定をするのですが、初回は油分ゼロという数値になる方が少なくありません。理想値は30／100。水分値が60／100、油分値が30／100に整うと、一気に肌悩みが解決してお客様のお肌に輝きが増していきます。

*3 ローションで湿らせたコットンに乳液をたっぷりのせて肌に貼ります。市販の乳液入りシートマスクを使えば手間要らず。

【BEAUTY LESSON】

tips

27

朝クリーム、朝オイル

朝からクリームとオイルのダブル使い？ メイク崩れしない？ 残念ながら、崩れません。それほど油分が枯渇するのが40代肌の現実なのです。

30代と比べると、お手入れの方法も考え方もだいぶ変化してきましたが、私がずっと変わらず続けていることのひとつに、「朝のクリーム&オイル」があります。それもたっぷり贅沢に！　クリームは規定量の1・5倍から2倍。夜よりも朝にたっぷり。

　そしてオイルも季節問わず、1年中朝に使います。オイルは種類や特徴によってお手入れの中で使う順番が変わりますが、1本で何役もこなすアイテムは他のアイテムと一緒に使うことで相乗効果も期待できます。「そんなに塗ったらメイク崩れするのでは？」と思うかもしれませんが、40代は肌の皮脂が急激に減ります。[*1] メイクが崩れるときはむしろ油分が足りておらず、肌が外気や室内の空調の乾きに堪えられなくなっているサイン。ですから日中乾かないためには、朝にたっぷりの油分の仕込みが必要なのです。ただし、油分が肌になじむ前にメイクを始めてしまうと、もちろんメイクは早々に崩れてしまうことに。そこで私はスキンケアとメイクの間にコーヒーを淹れたりして、「お肌とスキンケアの油分が一体化したな」[*2]と確認してからメイクを始めるようにしています。

　大人の肌にかさついた印象は御法度。万が一ツヤがテカリになったとしても、軽く抑えるだけで済むと心して、[*3]朝にクリームとオイルをたっぷり、やってみてください。

＊1　皮脂の分泌が元々少ない人は、良質なオイルを口から摂ることも心がけましょう。毎日ティースプーンで一杯。それだけでも肌の潤いやツヤが変わります。おすすめはフレスコの手しぼりのナッツオイル。

←マカデミアナッツオイル100g 2600円　ピスタチオオイル100g 3900円／共にフレスコ

＊2　手の甲で肌を触って確認を。「ペタペタ」ぐらいのくっつきならOK。「ベタベタ」だったらもう少し時間を置くか、軽くティッシュで押さえて。

＊3　セミマットのクッションファンデをお直し用で持っておくと便利。テカッた部分を軽くティッシュで押さえてクッションファンデを少しつけたパフでポンポンするだけ。

ひとつで何役もこなすアイテムをダブル使い

Care-1

【朝クリーム】

美容の最前線と英知が紡ぐパワフルな名品を存分に。

角質層を潤いで満たし、バリア機能を徹底的に強化。乱れたキメを整えて内側から輝くような健康的な肌印象に。インテンス リッチ クリーム 27g ￥30,000／SUQQU

ランコム の 最 高 級 ライン「アブソリュ」。極上の香りに包まれて生命力あふれる肌に導く。アブソリュ ソフトクリーム 60ml ￥34,000／ランコム

再生医療から生まれたヒト幹細胞培養液エキス配合。全方位的に作用。アレース ステム Cクリーム 35g ￥30,000／自由が丘クリニックドクターズコスメティクス

ブランドが誇るスキンキャビアコレクションがこの夏進化してリニューアル。SC ラックス クリーム 50ml ￥54,200／ラ・プレリー

言わずと知れた名品。軽やかなつけ心地で、年齢肌をなめらかに整える。ザ・モイスチャライジング ソフト クリーム 30ml ￥19,000／ドゥ・ラ・メール

Care-2

【朝オイル】

複合的に作用する美容オイルを朝の寝起き肌に注入。

オイルと美容液の2層式。ローズエキスが肌の再生能力を覚醒。アプソリュ プレシャスセル ナイト ドロップ 15ml ¥17,500／ランコム

シミや血行不良など、色ムラの原因を多角的にケア。ルミエル コンプレクス フェイスオイル コンセントレ 25ml ¥8,000／インフィオレ

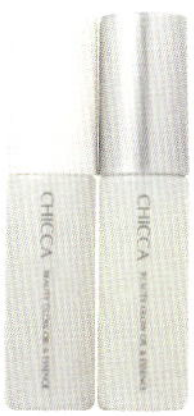

オイルとエッセンスを手の上で乳化させて使用。艶めく肌に。キッカ ビューティグロウ オイル＆エッセンス 各18ml ¥8,800／共にカネボウ化粧品

微弱炎症によるゴワつきやくすみなどを、複合ビタミンと植物由来の美容成分でケア。ケイコンセントレートオイルプラス 30ml ¥10,000／ドクターケイ

【BEAUTY LESSON】

tips

28

進化形肌アイロン、「にっこり固め」

笑顔の記憶を表情筋に覚えさせること。それが40代にとっては大切。だから私は気づいたら「にっこり固め」を習慣にしています。

「にっこり固め」は気づいたときに実践

1 「肌アイロン」でスキンケアをしている最中もできるだけにっこりを意識。口角をアシストするように手で押さえるのも効果的。

2 笑顔を作ったあと、下から顔の肉を両手で引き上げてサポート。２分間キープを１日１回やってみて。

40代は真顔が怖いというお話をしましたが、[*1]その対処法となるのがこの「にっこり固め」です。私が提唱する「肌アイロン」の進化系とも言えるこの方法は、**最高の笑顔を筋肉に形状記憶させるトレーニング**。自分にとっての全開の笑顔って、ほとんどの人は2分ともたないのですが、それをキープしてみると顔の筋トレになるのです。[*2]私はこれを朝のスキンケアのときだけでなく、タクシー移動中などにも[*3]やっています。下を向いて携帯電話を見ているよりずっとおすすめ。ぜひやってみてください。最初は痛くてキツイはず。でも習慣化すると表情筋が鍛えられて、たるみやむくみの解消にもなり、目もパッチリ！　いいことずくめです。[*4]

一説によると顔の筋肉は普段、2割程度しか使われていないそう。つまり残りの8割を使えれば、表情は豊かになり、たるんだ肉の筋トレにもなるということ。ときには2のように下から両手でサポートを。さらにグッと上がった状態で、筋肉がメモリーされます。自分にも「上がれ～」と暗示をかけてイメージしながら行うことが大切です。

---

*1 →050ページ参照

*2 顔の表情を動かしながら行うトレーニングもいくつかありますよね。確かに筋肉は鍛えられるかもしれませんが、気をつけてやらないと逆にシワができてしまうことも……。

*3 私としては移動中のすきま時間を有効活用しているつもりですが、もしタクシーの運転手さんがバックミラー越しに見たらびっくりさせちゃいますね（笑）。

*4 血流もよくなるのでどんよりくすんでいるときにも効果的。

「にっこり固め」とともに行いたいポイントケア

Care-1

【フェイスラインのたるみケア】

内側から跳ね返すようなハリ、弾力を実感！

再生医療の研究から生まれたリフトクリーム。オバジ ダーマパワーX ステムリフトクリーム 50g ¥10,000／ロート製薬(9/10発売)

海外の有名セレブもトリコに。ロディアル ドラゴンズブラッド スカルプティングジェル 50ml ¥15,000／エスティ フィロソフィ

角質深くまで潤いで満たし、弾力肌に。カネボウ リフトセラム(医薬部外品) 50ml ¥20,000／カネボウインターナショナル Div.(9/7発売)

V字形の輪郭を復活。クレ・ド・ポー ボーテ セラムラフェルミサンS(医薬部外品) 40g ¥30,000／資生堂インターナショナル

Care-2

【ほうれい線・シワのケア】

「シワ改善」美容液の登場が年齢肌のケアを変える。

15年の歳月をかけて誕生した「シワを改善する美容液」。リンクルショット メディカル セラム［医薬部外品］ 20g ¥13,500／ポーラお客さま相談室

現在と未来、両方のシワを改善。iP.Shot アドバンスト［医薬部外品］ 20g ¥10,000／コスメデコルテ(9/16発売)

Care-3
【まぶたのたるみケア】

40代の目元は“ふっくら感”をどう出すかが重要。

脂肪の増減に関わるたんぱく質に着目。目元をパンプUP。エクシア AL リペアプランプ アイクリーム 15g ¥15,000／アルビオン

プロバイオティクス由来の発酵成分でふっくらした印象の目元に。ジェニフィック アドバンスト アイ N 15g ¥8,000／ランコム

アプリケーターの先端でマッサージしながらケア。ジェニフィック アドバンスト アイセラム ライトパール 20ml ¥9,000／ランコム

加齢によりゆるくたるむ「まぶた力」を根本から引き上げ。エピステーム アイパーフェクトショット 18g ¥11,000／エピステムコール

Care-4
【目の下のたるみケア】

デジタル疲れで年齢問わずお手入れが必要な場所。

ブルーライトなど過酷な環境下にある目元のダメージを修復&ケアする。アドバンス ナイト リペア アイ SR コンプレックスⅡ 13g ¥7,500／エスティ ローダー

コラーゲン & エラスチンの質を高めて、強くて太い完成型へ。オバジ ダーマパワーX ステムシャープアイ 20g ¥6,000／ロート製薬（9/10発売）

Mind
Skin care
Make-up
Body & Hair
Paris Story

【BEAUTY LESSON】
tips
29

触れずに流す必殺ワザ

血流はアップさせたい。でも肌そのものに負荷はかけたくない。そのために私が実践している、肌に触れずに流すテクニックを紹介します。

耳マッサージで血行アップ

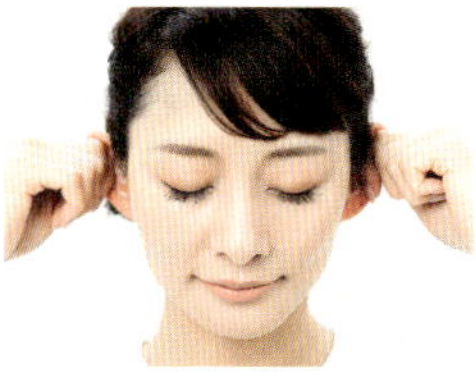

1 耳を指先でつまんで思いっきり左右に引っぱる。

2 今度は耳を内側に折ってぎゅっとおさえる。顔がぽかぽかに。

Recommended items

電子を帯びた化粧水が肌に浸透し、血行促進。エレクトロン スキン ローション 100ml ¥6,500／GMコーポレーション

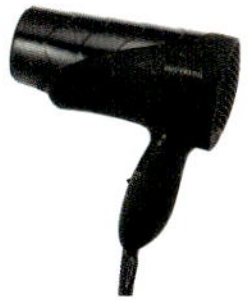

低温で髪を傷めず乾かすドライヤー。マイナス電子と育成光線が髪だけでなく肌もケア。復元ドライヤー ¥15,700／ルーヴルドー

朝、スキンケアしながらの「肌アイロン」*1と「にっこり固め」*2。それに加えて私が行っているのが、ドライヤーによる〝首の温め〟です。私はルーヴルドーの復元ドライヤー*3を愛用しています。首を温めることで顔全体の血行がよくなり、顔色が一気にアップ。スキンケアの浸透やメイクのノリも断然変わってきます。

40代になると、寝起きの顔ってちょっと別人なんですよね。そんな自分を鏡で見ると、慌ててゴリゴリとマッサージをして、なんとかむくみを取ろうとしてしまいがち。ですが、それがとっても危険！ 強い圧のマッサージで一瞬、顔が上がってスッキリしたように見えますが、筋繊維をただつぶしているだけなので時間が経つと反動で余計たるんでしまうのです。だから、いかに肌に負担をかけずに血流をアップできるかを考えて、スプレーしただけで引き締めてくれるエレクトロンの電子水や、耳マッサージなど、とにかく肌に直接触れない方法を選んでいます。

---

*1 ↓024ページ参照

*2 ↓084ページ参照

*3 肌を乾燥させないので、首に当てたあとは、フェイスラインや目の周りにも風を当てます。コツは決してドライヤーを振らず、ドライヤーの吹き出し口を肌に対して垂直に向けて静かに当てることです。

【BEAUTY LESSON】

tips 30

その日の肌に合わせたオプションケアを

すごく乾燥すると思ったら、突然吹き出物がプツッとできてしまったり。アップダウンの激しい大人の肌には、慌てずに落ち着いた対処を。

Recommended items

吹き出物に効く

吹き出物の部分に洗顔後すぐに貼るパッチ。アクロパス エイシーケア 1箱9パッチ入り ¥2,500／ハン・インターナショナル

超乾燥肌に効く

4種のビタミンやセラミド、独自のパール成分を配合。エッセンスマスクLX 2枚入り ¥3,000／ミキモト コスメティックス カスタマーセンター

肌荒れに効く

（右）ヒアルロン酸・コラーゲン・有機ゲルマニウム配合で、潤いを与えながら保つ無添加炭酸化粧水。エクラビオ。ミラクルエレキミスト 150g ¥2,000／アヴァンシア

（左）疑似皮脂膜を作り、ゆらぐ素肌をしっかりガード。エッセンスハーブバームクリーム 8g ¥3,800／MiMC

毎日しっかりケアしていても、突発的なトラブルに見舞われたり、急に老いのサインが顕著に現れたりするものです。それを朝起きてすぐに見つけてしまったら……とてもショックですよね。私も同じです。でも、大丈夫。とっさの事態に対処できる即効性のあるアイテムを常備してあれば、慌てることなく穏やかな気持ちで乗り越えることができます。突然の吹き出物にはニードルパッチ[*1]を貼りましょう。すぐに貼れば悪化させることなく沈静されます。また、肌が尋常ではないほどに乾いているサインを感じたら、とっておきのシートマスクを投入してみて。また、普段のコスメさえ刺激に感じてしまうようなゆらぎ肌や肌荒れのときには、通常のスキンケアのステップを省き、肌を守るアイテムひとつに絞りましょう。やけど[*2]や傷は治りかけのうちから炭酸スプレーを朝晩吹きかけるだけで痕を残すことなく完治させられます。

＊1 小さなぷつっとした出き物ならば、2時間くらいで鎮まることも。しぶといものは、寝ている間中貼っておきます。

＊2 しょっちゅうやってしまうヘアアイロンでの火傷。まずはとにかく冷やして、そのまま1週間は炭酸スプレーを。

【BEAUTY LESSON】
tips
31

スキンケアには多様性を

30代と比べて180度とは言わないまでも、かなりの変化を遂げた私の美容哲学。それはこれから先の生き方にも強く影響してくると思います。

正直に言うと、私自身も40代の美容理論に最終的な回答を見つけられたわけではありません。想定外だった肌を巡るさまざまな展開に、いまだに動揺しているのも事実です。ただ、最近やっと『「答えはひとつではない」ということが答えなのかもしれない』と思えるようになりました。

「これが絶対」というものを常に追い求め、「それ以外はありえない」と全て排除していた30代の私には、「スキンケアに多様性を持たせる」という価値観はありませんでした。そういう意味では、40代になり、変化を受け入れる中で視野が広がって意識がすごく変わったと思います。年齢を重ねてからの強い思い込みは、一部の人には共感してもらえたとしても、それ以外の人には緊張感さえ与えてしまうこともある……そんなことに気づけたことも、美容との向き合い方が変わった理由のひとつです。

「こうじゃなきゃいけない」というルールを作っても、その通りにはいかないのが40代。このまま老いを受け入れられずに葛藤しながら歳を重ねていくのは、私の理想とする女性像ではありません。だから美容への取り組み方も、その向こう側にある女性としての生き方も、もうちょっと肩の力を抜いて考えてみようと思っています。「30代は追求、40代は多様性」。年齢を重ねるごとに、さまざまな引き出しを持った女性になれたら素敵だなと思っています。

@ Fragrance / Artisan fleuriste - Salon de thé

address: 14 rue Saint-Sébastien 75011 Paris
https://fr.linkedin.com/company/fragranceparis

CHAPTER.
大人美論

4

【Make-up】

☑ Tips 32-40

「上手な引き算」が必要な40代のメイク

30代の10年間と、今。
メイクの方法もかなり変わりました。
ただ、見た目の印象は
そこまで変わっていないはず。
隠したいものは隠す。
でも厚塗りに見えない工夫をする。
捨てるもの、見直すものを整理して、
新たなコスメとともに、
自分の顔をアップデートさせてください。

【BEAUTY LESSON】
tips
32

「私らしさ」の思い込みを捨ててみませんか？

30代とは違い、日々変化を感じやすい繊細な大人の肌。当然、今までと同じメイクはNG。アイテムもプロセスも、見直しが必要なのです。

30代、メイクがとにかく好きで、たくさんのアイテムを使っていた頃、「40代になったら、メイクの濃さを今の半分くらいにしたい」と心のどこかで思っていました。でも実際に40歳を迎えると、隠したいものは増えていくし、でも厚塗り感への恐怖は年々増していくし……と、その着地点を見つけることは簡単ではありませんでした。近頃、世の中的には「40代はアラを隠さなくていい」という風潮があるけれど、果たして本当にそれで自分の顔に自信を持って過ごせるのでしょうか[*1]。ただ自信を失うだけにならないのでしょうか。

　隠したいものを隠さないのは、やっぱりネガティブ。だから気になるものは部分的にカバーしつつも、「このプロセスを踏まないと私じゃない」「このコスメじゃないと自分の顔にならない」という思い込みを一度捨てて、〝少し引いた距離から見て美しく整っているメイク〟を再構築する必要があると思います。大切なのは、トータル的に見て色が合っているか、その人のファッションや雰囲気が肌の質感に合っているか、ということ。バランスがよければきちっと隠したメイクもアリだし、ラフな日は「きちっとメイク」は避ければよし。20代のちぐはぐ感はどこか可愛いし、30代もまだ大丈夫。でも40代でそれは悲劇です。

　大人になってからマイルールを崩すのは容易ではないと思います。であればアイテムから入るのもアリ。まずは新たなコスメを手に取ってみませんか？

P.095
COORDINATE
DRESS : CARVEN
SHOES : FENDI
BAG : FENDI

*1
目の下が黒ずんでいれば疲れて見えるし、頬やこめかみに存在するシミは、やっぱり老けて見える目印でしかないのです。

【BEAUTY LESSON】
tips
33

コンシーラーを ポジティブに使う

メイク好きであればあるほど、つい分厚く重ねがちなコンシーラー。最新の優秀アイテムで、塗り方そのものから見直ししませんか？

Recommended items

最新型のフラーレンを高濃度配合。カバーしながらエイジングケア。ＵＶＦＦ コンシーラー SPF24・PA++ ¥5,500／FTC（限定品）

クリーミーなタッチで気になる肌悩みをカバー。タンイドル ウルトラ ウェア コンシーラー 全4種 ¥4,200／ランコム

この部分のくすみと影をカバー

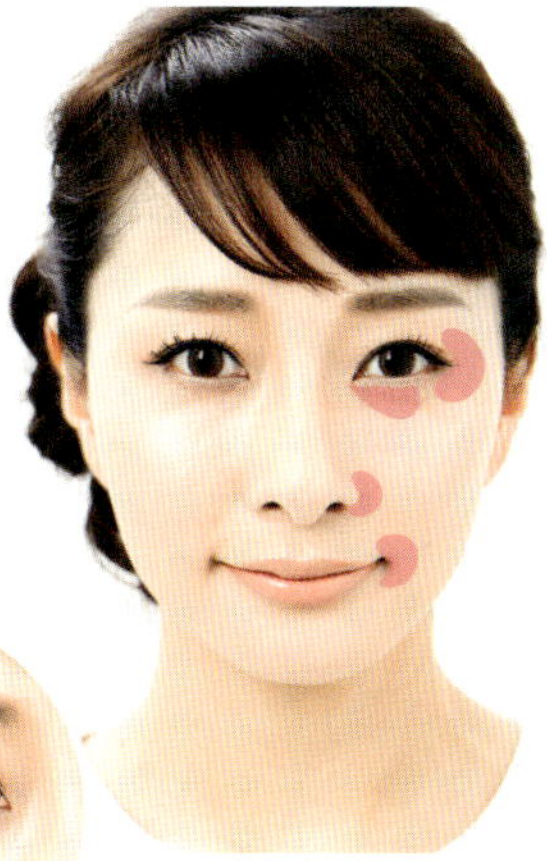

一番は下まぶたの目頭側に三角に表れるくすみ。さらには目尻、小鼻、口角に落ちる影も不要。

コンシーラーには、苦手意識がある方が多いのではないでしょうか？ 厚塗りに見えるから、逆に肌トラブルを主張しているように見えるから……そんな理由で隠すべきものを隠すことを諦めてしまった方も大丈夫です。私も一時期コンシーラーを使わない派でいましたが、あるとき一気に開眼。[*1]今は肌の上でヨレることなく、肌ともファンデーションとも一体化できるコンシーラーが[*2]充実しているので臆することなく使っています。塗り方のポイントは、カバーしたい場所を避けてファンデーションを塗り、その場所にはコンシーラーを直接塗ること。そうすると薄膜フィットのカバー力が発揮できます。そして目の下のクマ用にオレンジ系のコンシーラーもひとつ持っておくのもおすすめ。クマ、シミ、影、それを隠す行為はポジティブなことと捉えて。

＊1 以前はどうしても厚塗り感が否めなかったけれど、薄づきなのに高いカバー力を誇る新製品が各メーカーから多く発表され、感動しました。

＊2 ツヤのあるクリームタイプやエマルジョンタイプが使いやすいです。

【BEAUTY LESSON】

tips

34

ツヤとマットのバランスを見極める

表情に落ちる影が深刻化する40代。自分の顔の中にある光と影の関係を正しく把握して、メイクをする環境にも気を遣いましょう。

1冊目、2冊目では、リキッドファンデーションとコンシーラーで何層にも作り込んだ肌に、ルースパウダーでしっかりホールドさせ、さらにカバー力が足りない部分にパウダーファンデーションをレイヤーするというテクニックを紹介しました。[*1] 確かに当時はそうしていましたが、40代になった今はかなり薄づきの肌。ルースパウダーすら使わないことも。使うときも部分的[*2]にのみ、という感じです。パウダーを重ねないことで、いきいきとした透けるようななま肌になり、見た目がぐんと若々しくなることを発見したのです。また、メイクがヨレたときに粉浮きしないので（そもそも粉がないので）、指先でトントンとなじませるだけでOK。[*3] レタッチが完了しやすいのです。

　そう考えると、本当にベースメイクの方法は、40歳から42歳になるまでの間にかなり変わった気がします。顔に変化が出てきてしまった以上、昔と同じ地点にとどまって同じ方法で行っていてはダメなんですよね。進化するコスメとともに、変化を受け入れながら柔軟な気持ちで対応していくことが大事です。

　最小限の重ね塗りで均一な肌を目指す40代のメイク。そのためには、あとから足すものがある場所[*4]にはあらかじめファンデーションやコンシーラーが分厚くならないように意識しながらメイクする必要があります。その上で、テカリや毛穴が気になる部分にはマットなパウダーをオン。また、影が出やすい部分

＊1
1冊目『石井美保のBeauty Style』ではP60～、2冊目の『石井美保のSecret Beauty』ではP48～、当時のベースメイクのHow toを紹介。

＊2
フェイスラインとおでこのみ。

＊3
もしもそれでファンデーションがよれたら軽くクッションファンデを重ねるだけでいいのです。

＊4
チークを塗る場所やシェーディングやハイライトパウダーをつける場所。

や丸みを強調したい部分にはハイライトパウダーをのせましょう。そうすることで薄づきのつるりとした均一肌になれます。

　そんなことを踏まえて改めて大事だと思うのが、薄暗いところでメイクすることが本当に危険だということ。きちんと自然光の入る場所で自分の顔にできる影を把握しながらメイクしないと、あとでびっくりすることになります。私も旅先の宿泊したホテルなどで部屋のどの場所も暗い……というとき、この過ちを犯してしまいがちですが、普段の自分のドレッサーは自然光がしっかり入る場所に構えています。[＊4] メイクする環境から整えることも忘れずに。

パウダーの塗り方

1　輪郭の外側など広範囲になじませるときには、パフ（＊5）を使って。

2　ブラシは柄の遠くの方を持ち、くるくると磨くようにパウダーを。

＊4　2冊目の『石井美保のSecret Beauty』P34ではこだわりいっぱいのドレッサーを紹介。

＊5　パフはキャノンのエバーソフト。1冊目の『石井美保のBeauty Style』P54で紹介しています。

ツヤとマットはこう使い分ける！

影になりすい目の下、あご、唇の山の上にはツヤ感のあるアイテムを。奥行きを出したい輪郭部分にはマットパウダーをオン。

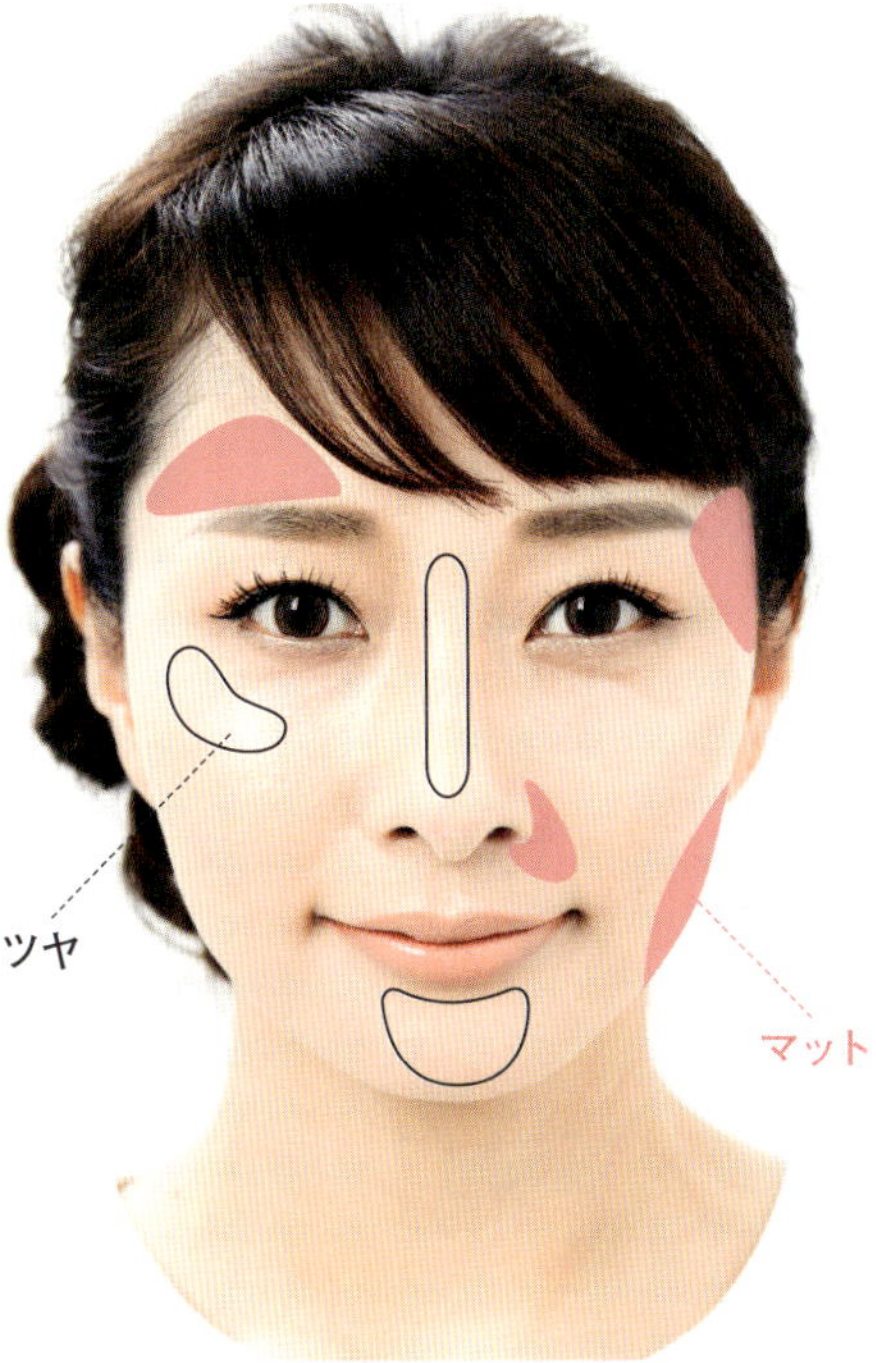

Recommended items

ツヤ

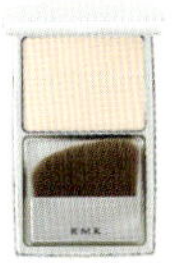

パーリィなパウダーが気になるくすみを一掃。RMK シルクフィット フェイスパウダー P01 ￥5,000／RMK Division

ファンデーションとハイライトがひとつに。プレイリスト スキンテクスチャー パウダー3D ライト(ケース込み) ￥3,800(編集部調べ)／資生堂インターナショナル

マット

粉雪のように軽やかなパウダーが肌に密着。デューイモイスト ルースパウダー 17g ￥3,800／トーン

肌のツヤ感を損なわず、サラサラ肌に仕上げる。オンリーミネラル ミネラルクリアグロウフェイスパウダー 7g ￥3,500／ヤーマン

【BEAUTY LESSON】

tips

35

愛《いと》しの
ベージュリップに
訪れた変化

以前より明らかに顔色が沈んでしまうし、唇自体の色もくすんでくる大人世代にとって、口元は顔の血色感を演出する大事なパーツなのです。

重ねるリップは下唇を重点的に

リップを重ねるときには中央に。上唇にはあまり重ねず、下唇を中心に。上下しっかり色を入れると、コントラストがつきすぎてしまいます。

とにかくベージュリップラバーな私。1冊目、2冊目を読んでくださっている方はご存じかもしれませんが、長年トム フォードの「ヌード バニラ」という色を愛用していました。[*1]でも、残念ながらヌード バニラが廃番になってしまったのでそれに代わる色を見つけたいと、必死で探し回りました。娘とハワイに旅行したときも一緒にセフォラ[*2]に行き、彼女にも手伝ってもらいながらお店中のリップをチェック。最終的に、ノードストローム[*3]で出会えたのが、海外で人気のメイクアップアーティスト、シャーロット・ティルブリーが手がけるコスメの「KIM K.W.」という色でした。それ以降も海外通販でまとめ買いしています。[*5]

最近はベージュリップそのものの色選びは基本的に以前と変わりませんが、やや赤みを足すために重ね塗りするようになりました。定番ベージュにプラスするのは血色感のあるリップやグロス。30代はベージュ1本で顔が成立していたけれど、今はそれだけだとどうしても顔色が悪い印象になってしまうので、コーラル系のカラーをレイヤーしています。

＊1
1冊目の『石井美保のBeauty Style』P72ではかつて愛用していたトム フォードのヌード バニラを紹介。

＊2
私が20代のとき、日本にセフォラができたときは大興奮しました。今は日本から撤退してしまったので、海外に行ったら必ず寄ります。

＊3
アラモアナショッピングセンターのデパート「ノードストローム」は16年のリニューアル以来、日本未入荷のコスメが充実しています。

＊4
↓107ページにて紹介。

＊5
私がよく利用している海外通販サイトは『Net A Porter』。https://www.net-a-porter.com/jp/en/

１本でパーフェクトな色になるアイテムを探すのも手なのですが、２本、３本と色を重ねる*6ことでできる立体感もありますし、自分にとってのベストカラーをカスタマイズするのも楽しい。今のお気に入りリップは結構あって、その日の気分や顔色に合わせてチョイスしています。

30代までは元気に見せるアイテムといえばチークで、血色感といえばはすべてチーク頼りでした。でも、もうそんなに〝チークをいっぱい！〟というわけにはいかない年齢*7。だからその分、唇に血色をもってきてバランスを整えようという作戦です。私は基本、崩れないメイクを心がけているので、真夏でも日中の大々的なメイク直しはほとんどしません。そのかわり、ポーチにはリップのみを５～６本常備。１日の中でリップの質感をチェンジしたり、顔のくすみに合わせて赤みを足したりしてベストな血色感をコントロールしています。ほんの少しの変化ですが、40代をいきいきと見せるためのマイナーチェンジ。ガラリとどっぷり40代メイクに変える必要はありません。

*6 血色リップや赤みグロスは唇の中央だけに塗ります。

*7 ↓１０８ページ参照

レイヤーが基本のお気に入りリップたち

ハワイのノードストロームで見つけた運命の1本。ほんのりピンクみを帯びたベージュ。Charlotte Tilbury KIM K.W. ／本人私物

【基本のベージュ】

＋

右：ひと塗りで見たままの濃密な発色に。青みピンク。ヴィセ アヴァン リップスティック 002 ¥1,600（編集部調べ）／コーセー　左：朝露に濡れた花びらを思わせるフレッシュな質感。華やかなコーラルピンク。ペタル エッセンス リップ 206 ¥2,800／トーン

【血色リップ】

右：みずみずしいツヤ感とともに口元に華やぎをオン。ペタル エッセンス グロス 04 ¥2,500／トーン　左：爽快なつけ心地が特徴的。微細なラメが舞うクリアピンク。シロ ミントジンジャーリップバター 8A07 ¥3,800／ローレル（2018年9月以降オンラインにて限定販売）

【赤みグロス】

ポーチの中身は
リップばかり！

右から順に：
ミントジンジャーリップバター 8A07／シロ
ペタルエッセンスグロス04／トーン
ルージュリキッドエクラ11／クレ・ド・ポーボーテ
KIM K.W. ／charlotte Tilbury
24ミネラルスティックカラー04 シュガー／24h cosme
ULTRA-SHINE COLOR 02 PELECTABLE ／トムフォード ビューティー
（全て本人私物）

【 BEAUTY LESSON 】
tips
36

チークで
心躍り過ぎちゃ
ダメ！

30代の頃とは、メイクのトレンドもかなり変化しています。40代のチークで失敗しないためには、チークを隠す役割に抑えることがコツ。

チークを入れる場所

1

頬骨の上に色をふんわり。骨格がすでに際立っている40代に骨格を強調するチークは御法度。

2

色をのせたら、仕上げに大きなパフで肌と丁寧になじませて。あくまで繊細に。

Recommended items

黄みを含んだコーラルが肌と一体化。時間が経っても肌浮きしない。ペタル チーク 04 ¥3,200／トーン

美しい発色で他の色とレイヤーしても濁らない。チークカラー 01 ¥7,000／トム フォード ビューティ

「30代のときと同じチークだと、ちょっとイタい感じになってしまう……」。40代の方には共感してもらいやすい悩みだと思います。特にメイク好きの人が陥ってしまうのが、可愛いチークを見つけるとてんこ盛りに入れたくなる衝動[*1]に駆られてしまうこと。実は私もそのひとりだったのですが、心躍る気持ちをなんとか抑えて、できるだけ薄くつけるとか、透け感のあるチーク[*2]を丁寧に少しずつつけるとか、できるだけ顔の中でチークが悪目立ちしないように気をつけています。

リップのページでもお話ししたように[*3]、昔はチークが血色感の全てを背負っていたけれど、メイクのトレンド的にもそして年齢的にも薄くしなければいけないのが現実。とは言え、チークのない頬は疲れ顔を際立たせてしまいます。だからこそ、血色感の演出はチークとリップで分担するのがベター。そういう意味でも、今持っているアイテムの見直しや、30代とは違う新たなコスメの投入は、常に意識していかなければならないのです。

＊1 これは実は割とつい最近までやってしまっていたこと。ちょっと恥ずかしいです。

＊2 最近はこのタイプが主流。

＊3 ↓106ページ参照

【 BEAUTY LESSON 】

tips

37

大人のアイメイクは色もラインもひそませて

まぶたが落ちてくる40代は、アイメイクだって見直しが必要。これ見よがしではなく、ラインやカラーを繊細にひそませた品のある目元に。

大人のアイメイク

1

以前に比べてアイラインは細く、目のキワに。まつ毛の間を埋めていく感覚で繊細に引く。

2

下まぶたはアイラインを薄くした分、ハイライトを涙袋の目頭側からきっちり入れて華やかに。

Recommended items

注目の柿色を含む4色。明るい陰影を演出する。ヴォランタリーベイシス アイパレット 01 ¥6,200／セルヴォーク

気持ちいいほどクリーミィな描き心地。デジャヴュ ラスティンファインa クリームペンシル ダークブラウン ¥1,200／イミュ

「下まぶたメイク」は私の中の超定番メイク[*1]ですが、以前と比べるとかなり薄くなったと思います。まずはアイライナーをリキッドからジェルに替えました。そして、より繊細に描くようになり、本当に「隠しライン」としてさりげなく存在する程度にチェンジしました。というのも、まぶたが落ちて逆三角形の目になってくる40代[*2]は、上まぶたのラインも以前より細く描かないと、まぶたがラインと重なるという現象が起きてしまうのです。上まぶたのラインを細く[*3]したことで、下まぶたのアイメイクも少し薄く調整しました。

年齢を重ねて全体的に顔の印象が弱くなってきているにもかかわらず、昔と同じ感覚でしっかりくっきりラインを入れていると、顔だけ置いてけぼりになってしまいます。そうならないためにも、常に自分の顔を客観的に見つめて、変化に対応していかなくてはならないのです。ラインやカラーをひそませる程度にあえて抑えることで、新たに似合うアイメイクを手に入れてください。

＊1 1冊目『石井美保のBeauty Style』ではP70～、2冊目の『石井美保のSecret Beauty』ではP56～、「下まぶたアイメイク」のHow toを紹介。

＊2 →020ページ参照

＊3 失敗しないためには一気に引かず、点でまつ毛の生え際を少しずつ埋めていくこと。少し引いたら正面を見て、目がつぶれて見えないかを確認しながら描いていきます。

【BEAUTY LESSON】

tips

38

大人ならではの眉毛論

実はチークよりもどこよりも迷子が多い、大人の眉。理想は、目の上下幅と上まぶたから眉下までの長さが1対1であることです。

40代の眉の描き方

1

まず最初に眉山（＊1）を探し、その部分の足りない毛を細いペンシルで補足し、骨組みを決める。

2

次に眉尻を決める。鼻と目尻をつないだ延長線上に（ちなみに30代までは口角と目尻をつないだポイントで描いていました）。

3

眉頭から眉尻にかけて、自眉の下側に毛を1本1本描き足す。

4

眉頭から眉尻へ、毛がまばらな部分もペンシルで補足する。

5

眉頭をパウダーでぼかし、そのまま鼻筋に向かってスーッとノーズシャドウを入れたら完成。

Recommended items

右：0.9ミリの極細芯が眉毛1本1本を美しく再現。超細芯アイブロウ 03 ¥500／セザンヌ化粧品　左：ノーズシャドウの役割も果たす万能な眉パレット。コントゥアリング パウダーアイブロウ BR302 ¥4,500／コスメデコルテ

右：プロのメイクさんの愛用率も高い名品。アイブロウ リクイッド BR21 ¥3,000／エレガンス コスメティックス　左：パウダーとWエンド。使いやすい扁平芯。ケイト ラスティング デザインアイブロウW N(FL)BR-3 ¥1,100（編集部調べ）／カネボウ化粧品

アラフォーに多い「昔抜きすぎた眉毛」[*2]。これもまた難しい問題です。若い頃に抜きすぎてまぶたが広くなった上にまぶたの皮膚が伸びるので、余計目と眉の間にスペースができてしまっているはず。そして自撮り動画をチェックするとよくわかるのですが、骨格の変化や表情筋の衰えに、眉のフォルムがついていっていないことが多いのです。

なので私はときどき、動画で表情筋を動かしながら、眉を描いてみます。もちろんそのときは怖い真顔ではなく、[*3]にっこりとした表情で。笑顔の自分に一番ぴったりな骨格にマッチした眉を見つけられさえすれば、もう眉毛の流行に振り回されることもなくなります。

＊1　目をぐっと見開いたときに高く盛り上がる場所が眉山。これがズレていると不自然に。

＊2　↓052ページ参照

＊3　↓084ページ参照

【 BEAUTY LESSON 】

tips

39

命だったまつ毛も長すぎ注意

サロンをオープンして13年間、自分のまつ毛のデザインは一度も変えていません。でもそろそろ変えどきかな？ と思い始めています。

「ま」つ毛が私の美容人生を変えてくれた」という想いは今も変わりませんし、実際、自分のサロンで行うまつ毛エクステのデザインや長さはずっと変わりません。[*1] でも、実はもしかするとそろそろ1ミリだけ短くしてもいいのかな……と思い始めています。というのも、ここ最近、疲労が溜まってしまうとまぶたを開けることすらツラくて、さらに長いまつ毛が影を落とすと、顔に余計な影ができてしまうことが気になってきたのです。もともと、サロンの40代以上のお客さまには、「まつげの重さがかかるとまぶたの負担になるので本数を調整しましょう」とか「極端に長過ぎるのをつけると影になりますよ」とか、そういったアドバイスもしてきました。そして、最近はとうとう私もそのタイミングにさしかかったのかなと思うのです。

そもそも、20代や30代の頃に比べると明らかに目に透明感や輝きがなくなってきているという悲しい事実。目が大きいとか、まつ毛が長いとか、昔はそのことばかり意識していたけれど、今は〝華やかな目元〟よりも〝目のきらめき〟が重要な時代です。若い頃のまつ毛が作ってくれた目の周りの影なら、ミステリアスな憂いや危うさとして魅力的に映ることもありましたが、今ではそれがただの〝くたびれ感〟になりかねないから要注意。つまり、40代はバサバサのまつ毛よりもいきいきとした目元である方がキレイに直結するのです。

＊1
私のデザインはオリジナルラッシュ・シュプリームラッシュCカール11㎜を黒目の上に、そこから目尻に向かってJカール10㎜、Nカール10㎜、太さは全て0・12㎜でナチュラルさをキープしています。2冊目『石井美保のSecret Beauty』p.62-63を参照ください。

【 BEAUTY LESSON 】
tips
40

個性はそのままに新しい自分に出会う

大きな変革ではなく、小さなブラッシュアップで新しい自分に出会えるかもしれない。「変化」を「進化」にできる新たな視点を持ってみませんか？

ここまで私流メイクのさまざまな変化についてお話ししてきましたが、これらはあくまでマイナーチェンジ。実際、基本的な部分は変わっていません。今、私が目指したいのは、〝比べてみると違うけれど、どこが変わったのかわからない〟程度の変化なのです。

40代になると、今までの自分のイメージを大きく変えたいと思う人は、おそらく少ないと思います。できればこれまでの印象や個性はそのままに、大人の女性として少しずつブラッシュアップしていけたらベストですよね。ただ、同時に顔や身体に〝老い〟が襲ってくるのも事実ですから、メイクもファッションも似合わなくなるものが出てくることは避けられません。でもその分、似合うものが増えてくることも忘れないで。だからこそ「何を捨てて何を持つか」を見極めなければなりません。周囲が抱く「その人らしいアイテム」を1点だけ、ときに心地よく裏切って変えてみるのも手。私の場合、サイドをねじった髪型やフィット&フレアのシルエットがずっと定番でしたが、最近は髪を下ろしてキャスケットをかぶったり、ロングスカートをはいたり……「新しい自分」を楽しんでいます。そんなふうに小さな変化を加えるだけで、また新たなバランスが見えるはず。そして変化がいずれ「進化」となり、年を重ねていくことが楽しくなるのではないかなと思っています。

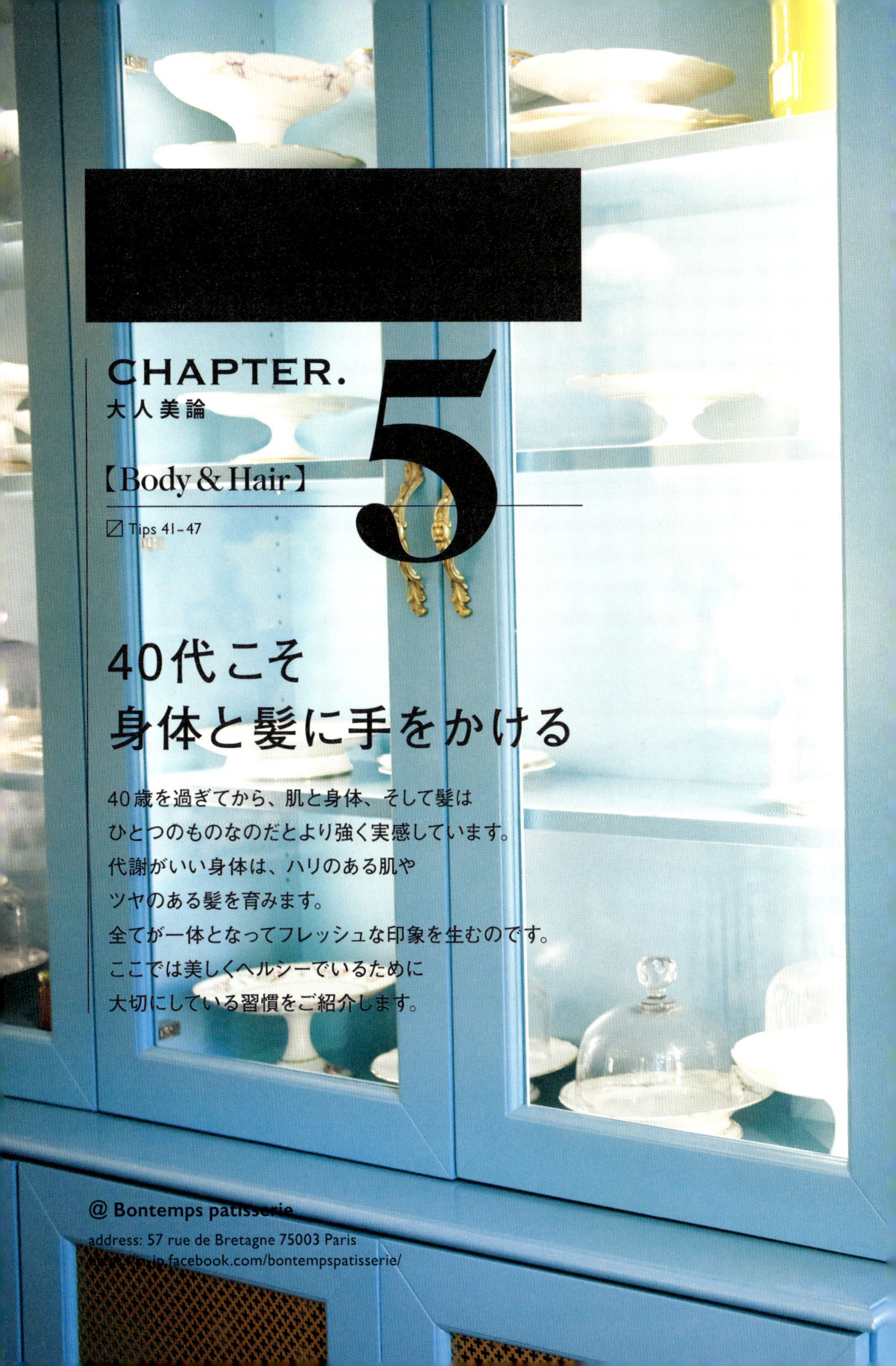

[redacted]

CHAPTER. 5
大人美論

【Body & Hair】

Tips 41–47

40代こそ
身体と髪に手をかける

40歳を過ぎてから、肌と身体、そして髪は
ひとつのものなのだとより強く実感しています。
代謝がいい身体は、ハリのある肌や
ツヤのある髪を育みます。
全てが一体となってフレッシュな印象を生むのです。
ここでは美しくヘルシーでいるために
大切にしている習慣をご紹介します。

@ Bontemps patisserie
address: 57 rue de Bretagne 75003 Paris
https://jp.facebook.com/bontempspatisserie/

【 BEAUTY LESSON 】

tips

41

ゆるく1日1万歩のウォーキング

せっかく時間を割いて運動するからには、効果を最大限出し切りたい！ そんな頑張りに応えてくれるドリンクやサプリにこだわっています。

Recommended items

ハリ感アップの要となるL型アミノ酸を高配合。H.G.H.Z リアージェ 13g×20袋 ¥13,500／アウトバーン

栄養価の高いもろみ酢効果で代謝アップ。ビーマックスシェイパー 50ml×10本入り ¥4,000／メディキューブ

驚きの「体脂肪率9％増」事件を受けて始めた夜のウォーキング。基本は1日1万歩を目安にしています。ウォーキングだけで1万歩となると大変ですが、日中移動で歩いている歩数も含めての1万歩＊1なので、そこまでハードな壁ではありません。以前は、あまり大きな声では言えませんが、ちょっと疲れるとすぐタクシーに乗ってしまっていたけれど、今は11センチのヒールでも意識して速く歩いています。〝ゆるく1万歩〟なのは、自分に厳しくなりすぎないように大切にしているルール。天気が悪い日は無理をしないし気が向かないときはおやすみします。

ウォーキングの前後には脂肪の燃焼を助けるドリンクやアミノ酸のサプリメントを摂るようにしています。筋肉を作ったり、代謝を上げたりするのを効率よく手助けしてくれるので、上手に取り入れて。ウォーキングを始めて半年以上経ちますが、最近は歩くことがツラくなくなりました。近距離の場合は逆に徒歩で移動したくなるほど、以前に比べて歩くことを楽しめるようになりました。

P018
COORDINATE
DRESS：
CO/steady study

＊1
日中歩いて1万歩に満たなかった分を夜のウォーキングで補っています。

【BEAUTY LESSON】

tips

42

大切なのは「骨《こつ》盤《ばん》底《てい》筋《きん》」

ホルモン分泌にも関係のある骨盤底筋を意識しています。40代を美しく生き抜くためには、インナーマッスルをケアすることが不可欠なのです。

見えている筋肉を鍛えるだけではもうダメな40代。キーワードは「骨盤底筋」です。恥骨や坐骨、尾骨にくっついて骨盤を支えるこの筋肉は、姿勢を決定づける大事な筋肉です。ここがゆるんでくると、体型は一気に崩壊の一途を辿ります。特に出産後は骨盤が開いた状態になり、骨盤底筋もゆるんでしまうので、しっかりケアをしなくてはなりません。

私が姿勢矯正のトレーニングに興味を持っているのも[*1]、すべては骨盤底筋を鍛えるのに効果がありそうだと思っているから。実際、私のサロンでも骨盤底筋を鍛えるメニューをまさに考案している最中です。というのも、すでにサロンには痩身のメニューが複数あるのですが、40代以降のお客さまでせっかく体重を落としても、どこか「年配感」が拭えない……というケースがあるのです。その原因は、ずばり姿勢。逆に骨盤底筋を鍛えて姿勢が整うと、体重の変動がなくてもいきなり若々しくなったりします。

私が骨盤底筋に着目しているもうひとつの理由が、「女性ホルモン」[*2]です。骨盤底筋は人間の脳と密接に関係しているので、意識して鍛えることで「あなたはまだまだ女性だよ」という指令が出るようになるのです。これは肌や髪のツヤにも大きく影響してきます。そして、やがて迎える更年期対策としても重要なことなのです。

---

*1 ↓036ページ参照

*2 ↓136ページ参照

【 BEAUTY LESSON 】

tips

43

老廃物を明日に持ち越さない心がけ

これからの私達が夜するべきお手入れ。それは身体全体のことを考えて行う“溜めない”ためのケアです。今日の疲れは今日のうちにオフ。

仕事のこと、家庭のこと、自分自身のケア……全方位的に忙しい40代の夜は、もう疲れてドロドロ。私もときどきソファに吸い込まれそうになります。その上で、時間をかけたスキンケアなんて到底無理だからこそ、夜のスキンケアは軽めにして、自分自身に「頑張らなくてもいいよ」と余裕を与えてあげることも大事です。とは言っても、そのまま何もせず寝てしまっては翌朝大変！　1日の老廃物を落とさないまま翌日に持ち越してしまうと、びっくりするぐらいの「たるみ」となって、顔はもちろん、全身に表れるのです。だから毎日湯船に浸かって*1身体を温め、流すマッサージで疲れを取ることが大切です。私の場合、昔はパーツごとに細くするためのマッサージが主でしたが、今は**とにかく流すこと！**　それが大切になりました。

とは言っても難しいことをする必要はありません。肌はちゃんとしたクレンジングと洗顔をしてあげればＯＫ。*2そしてお風呂上がりには、ツールを首から下に使って身体全体の血行を促進したり、オイルやクリームで〝やわやわ化〟するお肉を引き締めてあげましょう。とにかく身体を冷やさないようにすることだけを意識して、1日の疲れから解放してあげてください。

40代を美しく生きるためには**「夜のリセット」**が本当に大切。それができてこそキレイが1日1日育まれていくことを忘れないでください。

---

*1 30代はほとんど毎日シャワーで済ませていました。今は10分でもいいから毎日入浴することを心がけています。

*2 →０６４ページ参照

老廃物をリリースしてお肉を引き締める！

Care-1

【とにかく流す！ オイル】

“やわやわ化”した身体に塗るだけで簡単タイトニング。

脚特有のむくみやだるさを解消するレッグ用オイル。WG コントアリング オイル フォー レッグ 150ml ¥18,000／シスレージャパン

2種のペッパーで血行&代謝をアップ。燃えやすい身体に。ロルロゼ ブリリアント ボディオイル 100ml ¥5,000／メルヴィータジャポン カスタマーサービス

さまざまな種類の脂肪細胞に同時にアプローチ。たるんだお肉をキュッと引き締める。ボディフィット 200ml ¥8,000／クラランス

セルライトを排出し、脂肪細胞の増殖を抑制。筋肉と脂肪にWアプローチ。ビーマックス バイオジム スリミンジェル 150g ¥8,000／メディキューブ

33の精油と7種のハーブエキスをブレンド。スーッと心地いい爽快感が魅力。ナリン ハーブオイル 33+7 50ml ¥5,900／スターティス

リンパの流れを高めて体内の老廃物の排出をサポート。ポール・シェリー ハーバルオイル 150ml ¥8,000／ピー・エス・インターナショナル

水分デトックスの名品。代謝を促し、下半身に水が溜まるのを防止&抑制。ボディ オイル “アンティ オー” 100ml ¥7,400／クラランス

ヒップや太もも周りのザラつきに。皮膚をもっと引き締めハリ感アップ。ホワイトバーチ ボディオイル 100ml ¥3,800／ヴェレダ・ジャパン

Care-2

【流すをサポートするツール】

流す、排出する。疲れも老廃物もすっきりデトックス。

強力な磁力を持ち、マイナス電子と遠赤外線を放射する特殊なボール。より高いマッサージ効果を発揮。ソフィル-eデコール￥32,000／ルーヴルドー

ソーラーパネルで光を取り込み、微弱電流を発生。“すくい流す”“つまみ流す”という2つのエステの手技をこれひとつで。リファカッサレイ￥23,800／MTG

Care-3

【あったため系アイテム】

自宅でのリラックスタイムは身体を冷やさないグッズとともに。

縫い糸までシルク100%のロングパンツは、保温性も抜群。洗濯による劣化も少ない。無漂白。ヘルシーアンダーパンツ ￥6,000／金伴繊維

通気性のいいコットン素材で、夏の冷房対策に最適。薄手なのでアウターに響きにくい。オーガニックコットン腹巻き ￥4,600／ナナデェコール

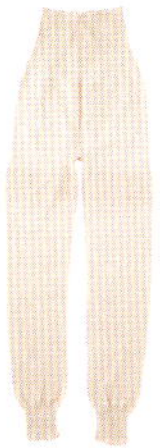

足首からウエストまで締めつけずにフィットする立体編みで、冷えやすい足元をしっかりガード。冷えとりかろやかスパッツ シルク&リネン ￥8,300／大法紡績

「冷え取り健康法」の生みの親である進藤義晴先生が監修したもの。正活絹(1枚目)絹 5本指靴下 ハイソックス ￥2,200／スイートサイト

無段変圧構造でそれぞれの部位に適した圧力をかけ、寝ている間に足を引き締める。おやすみ着圧ニーハイソックス ￥2,100／タビオ

【BEAUTY LESSON】

tips

44

美と健康に つながるものだけ 食べる

食べ過ぎても、食べなさ過ぎてもダメな大人世代。カロリーを気にするよりも、血となり肉となるものをきちんと摂っているかが大切です。

これまでの2冊の本の中で、「1日1・5食」について書いていますが、さらに40代は口にしたものが見た目に直結して現れるので、その小食の中で何を摂り、何を摂らないようにするかが大事。美と健康につながらない食べ物を無駄に食べている余裕はないのです。基本的にはバランスの取れた食事を心がけた上で、毎日元気にいるために私が40代になってから特に意識して摂るようにしているものがいくつかあります。まず、前にも触れているように、毎日のお肉はマスト。肌も髪もたんぱく質に含まれるアミノ酸から作られるので、食事のメインは必ずたんぱく質になるようにしています。パスタやそば、うどんだけで食事を済ますようなことは避けた方がいいですね。

また、肌ツヤが失われたり髪が薄くなるのは、たんぱく質のほかに鉄や亜鉛が足りていないから。[*1] 亜鉛は食物繊維や青菜に含まれるシュウ酸によって身体への吸収が阻害されてしまうため、野菜ばかりを食べていると欠乏しやすい栄養素なので気をつけて。[*2] 鉄はタンパク質と結合するへム鉄を摂るように意識。[*3] へム鉄は動物性たんぱく質に多く含まれるので、やはりお肉やお魚が大切。鉄はタンニンにより吸収を阻害されてしまうので食後のコーヒー、緑茶は控えましょう。また、運動時も鉄の消費が激しくなるので、ウォーキング前後は意識的に鉄を摂取。そして足りない分だけサプリで補うようにしています。

＊1 主に牛肉、卵、チーズ、高野豆腐、アーモンドをよく食べます。ポリリン酸などの食品添加物も亜鉛の吸収を阻害するので、加工食品やレトルト食品はなるべく避けて。

＊2 ヴィーガンに近い食生活をしていた頃はやはり亜鉛が極端に足りませんでした。30代でも疲れ易かったのはおそらくそのせい。

＊3 豚レバー、鳥レバーが圧倒的にへム鉄を多く含みます。レバーが苦手という人は牛もも赤肉や、うなぎ、かつお、しじみ、あさりなどから摂ってください。吸収率に劣る非へム鉄もビタミンCと一緒に摂ることで吸収率が高まるので、へム鉄、非へム鉄どちらもバランスよく摂るのがベストです。

【BEAUTY LESSON】

tips

45

ふわツヤ髪は洗い方で育める

ヘアサロンで「頭皮がくすんでいる」というショッキングな指摘を受け、まず見直したのがシャンプー。髪も肌同様、“落とすケア”が重要なのです。

私が通っているヘッドスパ[*1]では、最初に頭皮チェックを行ってくれます。30代のときはヘッドスコープで頭皮を見ながら「少し疲れていて赤いですね」「毛穴が詰まっていますね」程度の指摘を受けていたのですが、今年に入って「頭皮の色が悪いですね。くすんでいます」と言われて仰天。画面をよく見てみると、確かに今までと違って頭皮の血流がよどんでいる感じだったのです。細くて猫っ毛、ボリュームの出にくい髪は、昔から私の悩みの種ではあったのですが、この年齢になり、この頭皮で、ここからもっと髪をふんわりさせようと思うなら、根本的に何かを変えなきゃいけないなと思いました。

そんなときに出会ったのが、辻 敦哉さんの『世界一簡単に髪が増える方法』[*2]（アスコム刊）でした。それを拝読して、「私、今まで実はちゃんと髪を洗えてなかったのかも!?」[*3]とハッとしたのです。それからはukaのケンザン（P133）を左右の手に持ち、二刀流でマッサージしながらシャンプーするように。[*4]すると、確かに抜け毛が減って、髪もハリとコシを取り戻してきました。

髪も肌と同じで〝与えるケア〟以上にまずは〝落とすケア〟の方がずっと大事。薄毛の心配を抱くと、慌てて育毛の美容液を始めたりしがちですよね。それももちろん大切なのですが、まずは毎日のシャンプーから見直すことが一番なのではないかと思っています。

＊1
AMATA
東京都港区南青山6－4－14
INBOX AOY AMA 5F
03-3406-1700

＊2
私が通っている鍼灸の先生、寺林陽介さんに教えていただいた本です。

＊3
ジェルネイルをしているので指の腹だけで洗おうとするとうまく洗えないのです。

＊4
シャンプーはアミノ酸系のものに。＋シャワーヘッドを塩素除去できるものに取り替えました。

ボリューム感のある髪を育むコツは継続すること！

Care-1
【インバスアイテム】

洗浄力が強すぎるものは負担過多！ アミノ酸系で優しく落とす。

コラーゲンとケラチンを各2種配合。ふんわりした根元に。リ・ヘア ディープマスク モイスト 250g ¥3,500／ラ・ヴィラ・ヴィータ

髪と頭皮を同時にケア。頭皮マッサージに使っても。リ・ヘア ディープマスク スムース 250g ¥3,500／ラ・ヴィラ・ヴィータ

髪本来の力を覚醒。上質な香りのアミノ酸系ノンシリコンシャンプー。リ・ヘア シャンプー 330ml ¥3,200／ラ・ヴィラ・ヴィータ

Care-2
【スカルプケア】

頭皮ケアこそコツコツと！ すぐに結果が出ずとも続けて。

人気の育毛成分キャピシルをメーカー推奨濃度最高値配合。Si スカルプエッセンス 30ml ¥12,000／まごころ総合美容

リッチな28種類のオイル＆精油をブレンド。シャンプー前に数滴。ビロードオイル アーバンアーユルヴェーダ 30ml ¥4,800／AMATA

頭皮を弱酸性に補整。ジョジアンヌ ロール キャピロール ローションブリオンス 130ml ¥3,600／ビューティハウスヘルシー

Care-3

【スタイリング剤】

見た目の印象は柔らか、でもセット力は抜群のアイテム。

極上の質感に導きながら、栄養補給もしっかり。ヘア リチュアル プレシャス ヘアケア オイル 100ml ¥10,600／シスレージャパン

天然由来の成分ながら優れたセット力を誇る。スタイリングスプレー オブヘア・9SH 125g ¥1,800／オブ・コスメティックス

ドライヤーの熱を味方に髪を補修。うるツヤ巻きを1日キープする。サラ つや巻きオイル 40ml ¥830（編集部調べ）／カネボウ化粧品

Care-4

【ブラシ＆ツール】

頭皮の血行を促進するのに欠かせない立役者。

高いクッション性が特徴。ブラッシングするだけでヘッドマッサージと同じような役割を果たす。パドル ブラシ ¥3,000／アヴェダ

シリコン製の頭皮ブラシ。血行促進＆リフトアップ効果も。ウカスカルプブラシ ケンザンソフト ¥1,800／uka Tokyo head office

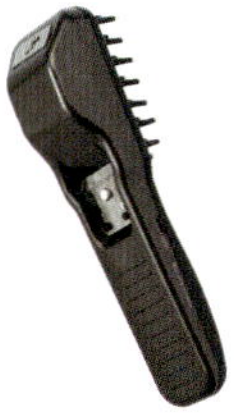

32本のピンヘッドから低周波が。頭皮と顔の血行を促進。デンキバリブラシ ¥180,000／GMコーポレーション

【BEAUTY LESSON】
tips
46

自分だけの秘密の場所の存在

誰かに背中を押されて行くのではなく、自分で見つける秘密の場所。全ての役割を脱ぎ捨てて、無になれる空間を探してみませんか？

今の私には「完全なる一日オフ」という日はほとんどなく、経営している自分のサロンのことや美容家としての仕事のことが常に頭にある状態。体力的にも精神的にも消耗することが多く日々がものすごいスピード[*1]で過ぎて行ってしまうので、そろそろ「自分を心底解放できるスポット」を新たに見つけておきたいなと少し前から思っていました。そこで、先日、誰の紹介でもなく、雑誌で見て直感的に惹かれたサロンに予約を入れて、行ってみることに。そこは女性が1人で経営しているプライベートサロンで、必要最小限の会話と完全無音の中で繰り広げられる施術という個性的なサロン[*2]ではあったのですが、今の私にはすごくしっくりきて、今後も自分だけの居場所として少し通ってみようと思いました。

若い頃の私は、〝誰かに言われたからとりあえず行く〟とか〝話題だから行く〟ということが多かったけれど、今は自分がゼロになれる、とっておきの場所を自分自身で探すということが大事かなと思っています。それはサロンでなくても、お気に入りの1杯のコーヒーが飲めるカフェでも、ゆっくり本を探せる場所でも、どこでもいいんです。ただ一瞬でも自分を解放できる空間を見つけておく……。そういう場所を持っていると、自分の心の拠《よ》り所にもなり、また気持ちを切り替えて頑張ろう！　と前向きに思えます。

＊1
先日、娘との何気ない会話で、3年前のことを「ついこの間」と言ったら、本気でびっくりされました。高校2年生の娘にとって、「ついこの間」は1週間前のことだそうです。恐ろしいですね（笑）。

＊2
一糸まとわぬ全裸で、薄い布を1枚だけかけられた状態でオイルマッサージをするサロン。

【 BEAUTY LESSON 】

tips

47

全ては女性ホルモンの仕業

40代になって体験したあれこれ。一時はその原因がわからずにモヤモヤしていたけれど、やっと「女性ホルモン」という答えに辿り着きました。

Recommended items

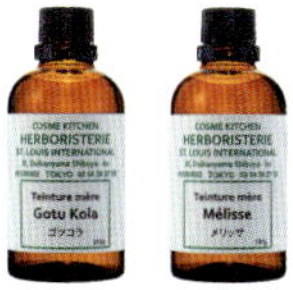

カフェインフリーのハーブ浸出液。コップ1杯のお水に小さじ1を入れて飲む。エルボリステリア タンチュメール（右）女性の日々のリズムをサポートする。メリッサ（左）アーユルヴェーダでも珍重されているハーブ。ゴツコラ100g 各¥2,600／共にコスメキッチン

ここ最近、季節の変わり目に風邪や体調不良などともまた違う、〝毎日なんとなく不調〟を感じるようになりました。どうしてこんなに疲れるんだろう？　と疑問に思いつつ、周囲の友人に相談したところ「それはホルモンバランスが崩れているせいだよ」と言われ、肌や身体、髪……ここでお話してきた全ての変化が、「あ、そうか、ホルモンの仕業だったんだ」とものすごく腑《ふ》に落ちた感じがしました。

女性ホルモン[*1]は35歳くらいから下降が始まり、40歳を過ぎるとさらに激減していくと言われています。そもそも人生でティースプーン1杯分くらいしかないという女性ホルモン。それをいかにすり減らさず生きていくかを考えなくてはいけないのに、ストレスフルな生活をしていると、どんどん目減りしていく一方です。「更年期」という言葉もこれまでは遠くに感じていたけれど、今自分に起こっているさまざまな現象が、その序章なのかな？　と思うと、今のうちに上手な付き合い方を見つけておきたいなと思うのです。

今は豆乳を飲んだりハーブチンキで女性ホルモンを整えている最中[*2]。自分の中でまだ最終的な答えは出ていないけれど、40代の裏テーマとして「女性ホルモン」は重要なキーワードだと思っています。

＊1 女性らしさに関わる卵胞ホルモン（＝エストロゲン）。肌や髪の潤いを守ったり、女性特有の丸みを帯びた身体を作ったり、女性の身体全体の健康を支える役割を果たします。また脳や自律神経にも働きかけます。

＊2 ホルモンバランスを整えるために大事なことのひとつに、睡眠があります。以前はショートスリーパーの私でしたが、最近はなるべく睡眠を取ろうと努力しているのもそのためです。また睡眠の質を上げる為に寝る前のパソコンや携帯電話は極力控え、寝る2時間前は食べないことを心がけています。

[redacted]

CHAPTER. 6

大人美論

【Paris Story】

Tips 48-50

パリに映る
これからの私

40歳で初めて訪れたパリが私の転機に。
この街には思わず目を奪われる
素敵な大人の女性がたくさん歩いています。
彼女達はなぜこんなに
美しくチャーミングに輝いているのでしょうか。
そこには10年後の自分に向けた
大事なヒントがある気がしてなりません。

Mind
Skin care
Make-up
Body & Hair
Paris Story

【 BEAUTY LESSON 】

tips

48

どうして私、パリにいないんだろう

40歳で訪れたパリで、運命を感じてしまった私。これから美しく年を重ねるための"生き方のヒント"がこの街にある気がしたのです。

実はパリに初めて行ったのは2年前。仕事で訪れた数日間でしたが、あまりに違和感のない居心地のよさに、帰国する頃には「どうして私、今までここにいなかったんだろう?」と思っている自分がいました。なぜそこまで思ったのか、それはあくまでも直感的なものだったので明確な答えはわかりませんが、自分自身が次のステージをどこに設定するべきか、少し迷っていた時期だったことも、どこかで関係しているのかもしれません。

40代になって、この先の人生の展開について考える機会が増えました。これまである程度のことを形にしてこられたけれど、さぁ次はどうしよう? このまま継続していく? それとも、もうひとつ極めたいことを見つける? でも体力はそこまでないし、フットワークも昔ほど軽くない……。このまま継続の道を選んでも、それはそれで十分幸せ。ただ、自分の人生をもうひとランク豊かにするために、なにかできるのではないか、もっと切り開けるのではないか、そんな葛藤を、私は今でも抱いています。そして、おそらく私と同じような気持ちの方も多いのではないでしょうか。

私にとってはもしかしたらその回答が、パリという街にあるのかもしれない、と今改めて思うのです。この街の風景、この街の人、この街の生き方。そこにこれからの人生を美しく輝かせるヒントが隠されている気がしてなりません。

P138
P154&157
COORDINATE
DRESS : CO/steady study
FLOWER BOX : ryo_pinktokyo

【BEAUTY LESSON】
tips
49

パリの女性はなぜ美しい？

「パリに恋した」とは、私みたいな人のことを言うのかもしれません。いえ、正確に言うと、パリを歩く美しいマダムたちに魅了されたのです。

初めてパリを訪れた2年前。最も印象的だったのは、思わず振り返ってしまうほど圧倒的なオーラを放つ、素敵なマダムたちの姿でした。ゆるくまとめたグレーヘア、さらりと格好いいファッション、キレイに塗られた赤いマニキュア、華美なジュエリーを身に着けているわけでもないのに輝いて見えるその存在感……マダム達の成熟した美しさは、若いパリジェンヌの存在も霞んでしまうほど魅力的でした。

帰国してからも思い出すのは、そんなマダム達が主役に見えたパリの風景ばかり。若くあることや、若く見えるファッションやメイクが似合うこと……言ってしまえば「時を止める」ことに懸命になっていた当時の私にとって、パリのマダムたちの自信にあふれた姿は、ガツンと頭を打たれたような衝撃だったのです。なぜ彼女達はあんなにも美しいのか。ファッションやヘアスタイルといった表面的なことだけでなく、「生き方」という根本的なところ、そこに美しさの秘訣があるのではないか。その答えをどうしても見つけたくて、今回はパリで暮らすお2人と対談させていただくことになりました。1人は日本人のフラワーデザイナーの由美さん、もう1人はパリジェンヌのデザイナーのヴェロニクさん。お会いした瞬間から、私の魂を揺さぶるほどの存在感と美しさをお持ちだったお2人のマダムと一生忘れられないお話ができました。

Special intervew
パリで暮らす素敵な人
①

フラワーデザイナー
斎藤由美さんに教えていただいた
小さな幸せの見つけ方

日々の小さな、でも
かけがえのない幸せに
目を向けられる私でありたい
Miho

Flower designer
Yumi Saito

パリ在住歴18年。世界的に有名なフローリストクリスチャン トルチュ(パリ店は現在閉店中)やヴァルダで経験を積み、有名ホテルの装花も数多く手がける。現在は日本人向けのフラワー教室をパリで主宰。

母として働く女性として
葛藤を経て辿り着いた今

美保（以下、M）：私が由美さんのことを存じ上げるきっかけになったのは、かつて在籍していらしたクリスチャン トルチュのお花の大ファンだったからなんです。

由美さん（以下、Y）：そうだったんですね。ありがとうございます。

M：知人が記念日にプレゼントしてくれたブーケがあまりに素敵で、すっかり夢中になってしまって。エレガントな花々の中にふと野草が混ざっていたり、背の高いお花が顔を出していたり……華やかさの中に一瞬の儚さを詰め込んだかのような、素朴な愛らしさが潜んでいるムードに魅了されてしまって。30代までの私にはお花を愛でる心の余裕がないことがほとんどだったのに、お花を買って飾る習慣ができたくらい、お花への想いに素敵な変化をもたらしてくれました。

Y：私もクリスチャン トルチュの元で修行をさせていただく前は美保さんと同じファンの1人だったので、その気持ちには共感しかありません（笑）。ムッシュの元で修行を積みたい一心で、パリ留学を決意し、語学を学んだわけですからね。そのくらい、トルチュに魅せられていました。

M：由美さんにとってフラワーデザイナーになることは、長年の夢だったんですね。そのスタートとして、晴れてムッシュの元で学べることになったときの感動は、きっと、筆舌に尽くしがたいほどでしたよね。

Y：はい。とても光栄でした。ただ、私が渡仏するきっかけには、プライベートな事情もあったんです。実は、30代の前半に離婚することになって……。それを機に、経済的な自立を見据えつつ、かねてからおぼろげながらも夢として抱いていたフローリストへの道を歩みたいと思うようになったんです。前夫との間には当時11歳になる娘がいて、本当は2人で渡仏する予定でいたんです。でも、彼女には日本に残りたいという意志があった。私の中にも様々な葛藤が押し寄せてきましたが、考え抜いた挙句、そんな彼女の気持ちに同意することにしたんです。離れ離れに暮らすことは言葉にできないほど辛くもありましたが、私と彼女、それぞれの人生を尊重することを決めたからこそ、渡仏や仕事に対して、「これも私の生きる道。もう後戻りはできない」と心を奮い立たせることができた気がします。彼女の存在は、新しい人生のスタートにおいて大きな原動力になりました。昔も今も、本当に感謝しています。

M：そんなことがあったんですね。実は私も離婚を経験していて、今17

歳になる娘がいるんです。私の場合は娘と一緒に暮らしていますが、トータルビューティサロンを経営しながら女手一つで彼女を育てていくにあたり、どうしても仕事にかかりっきりになってしまうことが多くて。彼女のためと思ってがむしゃらに働くことが、結果、彼女に寂しい思いをさせているのではないかという気持ちに苛まれたことが、数え切れないほどありました。

Y：でも、そんなふうに懸命に働く母親の背中って、近くにいても、離れていても、子供はきちんと汲み取ってくれるから不思議ですよね。

自分が幸せを感じられる生き方を探すことの

M：由美さんは現在、フラワーデザイナーとしてレッスンを行ったり、ツーリストをフラワーマルシェにアテンドされるのをメインに活躍されているんですよね。

Y：そうなんです。

M：パリの最高峰ホテル「リッツ」の装飾やシャトーウェディングのフラワーコーディネートなど華々しいキャリアもたくさんあったと思うのですが……。

Y：はい。ムッシュの元で修行を積んだあと、数々の素晴らしいプロジェクトに声をかけていただいて、それはもう、身に余る光栄でした。

M：フラワーデザイナーとして大成功を収められたわけですよね。

Y：キャリアとしてはそういうことになるでしょうか。でも、そんなふうに大きな仕事に向き合って時間に追われ、プレッシャーを乗り越えて賞賛をいただくたびにどうしてか苦しい気持ちが心の中に押し寄せてきたんです。

M：私には由美さんのような素晴らしいキャリアがあるわけではないですが、それでも、日々、サロンワークをしながらメディアにも出させていただく毎日の中で、ひたすら上を見据えて頑張り続けることに息切れしそうになることは多々あります。「仕事を通してしたいことは、果たしてこれだった？」と自問することもよくあって……。

Y：私も、第一線と呼ばれる場所で働かせていただいていたときはまさにそんな心境でした。「このままだと大好きなお花を心から楽しめなくなってしまうかもしれない」と 気持ちを原点回帰したんです。もう一度自分の気持ちを見つめ直して「私が届けるお花を通して誰かを笑顔にしたい」。それこそが、私がこの仕事を選んだ本当の意味だと再確認することができたんです。

M：その想いが礎にあるからこそ、お客様の笑顔を間近に感じながら働く今のスタイルがあるんですね。

Y：生きていく上で、キャリアもお

金も大切だけど、生活に困らない程度で十分。それよりも、日々の小さな、でもかけがえのない幸せに目を向けられる私でありたいんですよね。

朽ちてゆく過程すら愛でる日々の過ごし方、年齢の重ね方

M：ところで、由美さんがパリに住まれるようになって、一番変わったと思われることはなんですか？

Y：フランス人からは、ゆったりと過ごすことや何もしない時間など〝過程を楽しむ〟ことを学んだ気がします。例えばお店のスタッフと夜、食事に行く約束をしていても「疲れたからパスするわ」と言い出す人がたいてい一人はいたりするんです。最初は驚いたんですが、自分にも人にも無理をさせない生き方なのかもしれないなって感じるようになって。フランス人は〝裁かない〟という表現をよく使うのですが、人は人、私は私という価値観が確立されているんですよね。

M：日本だと、全員が同じ価値観でそこから外れることが許されない。そんな風潮が、少なからずありますよね。

Y：本当に。そんな息苦しさや閉塞感がないという意味では、パリは居心地がいいと言えるかもしれません。

M：私の今年の目標は、「なんでこうなるの？」と自分を問いただすのをやめることなんです。私は、美容に携るお仕事をさせていただいているわけですが、きっと、現状を否定するのではなく年齢を重ねていくその過程すら楽しむ。そういうマインドでいられたら、今心に抱えている重荷を下ろせる気がしていて。

Y：今お話ししてくださった美保さんの気持ち、少しお花と似ているかも。日本の場合は少しでも花びらに傷があると商品にならないじゃないですか。でも、こちらの人は庭で摘んできたお花だったらまだ蕾のものもあれば開いているものもあるし、朽ちているものもある。そういう一瞬一瞬の美しさを楽しむ文化があるんですよね。実際、満開の花に陰りが見えてきたところが愛おしく、美しく感じられたりしますしね。

M：たしかに、女性の年齢に応じた美しさが存在する感覚とよく似ていますね。日本にもそんな価値観が根づいたら、私を含め、大人の女性がもっと自由に、軽やかに生きていけるようになれる気がします。

Y：一度きりの人生、年齢や価値観の足枷《あしかせ》に縛られるのはもったいない。

M：はい。今日こうしてお話を伺えたことで、「同じ気持ちを抱いているみなさんのために、私ができることはないのか……」そんな思いを見つめる素敵なきっかけになった気がします。ありがとうございました。

Special intervew
パリで暮らす素敵な人
②

調香師ヴェロニクさんの
可愛らしくも
たくましい生き方

自分の気持ちに素直に。
それさえできれば、
人生は素敵に彩られる

Miho

Fragrance designer
Veronique Rembliere

テキスタイルデザイナーとしてパリやNYで活躍後、36歳のときに香りの学校で調香を学ぶ。BIOの香水ブランド設立に向け準備中。8歳の男の子を持つママでもある。

年齢に縛られず心の赴くままに人生を重ねて

美保（以下、M）：素敵なデザインですね。ヴェロニクさんはここから、ご自身が調香されるフレグランスを世の中にお届けしようとされているんですね。

Veroniqueさん（以下、V）：はい。まさに今、フレグランスブランドをデビューさせる準備中なんです。私の作る香りは周囲からは「ニッチだね」と言われることも多いんですが、私の中には脳にダイレクトに届く世界でひとつだけの香りを届けたいという信念があって。例えば、ちょっとこれ、香ってみてもらえます？

M：これ……革の香りですか？

V：そう、実はこれ、新品の高級バッグの内側の香りなの。面白いでしょ。こっちにあるこの香りなんかも、私はちょっとノスタルジックなイメージで調香しただけなのに、友人から「おばあちゃんの家の香りだ」なんて言われたりして（笑）。

M：たしかにニッチな香りではありますが、五感にスッと響いてきます。

V：ありがとう。こんなコンセプトで自分の気持ちの赴くままに、日々、香りを調香しているんです。こんなに個性的な香り、もしかしたら1本も売れないかもしれない（笑）。そうしたら、「私の生まれたての香水ブランドはどうなっちゃうの……？」っていう不安はもちろんあるんだけど、そのときはそのときでまた考えればいいと思うの。だって、これが私がこの先の人生を通して「やりたい」って強く思ったことなんだから。

M：日本では、何か新しいことをスタートするときに、必ず年齢を気にすることがついて回るんですが、ヴェロニクさんには49歳の今から新事業を始めることに迷いや戸惑いはなかったですか？

V：私はシングルマザーで、一人息子はまだ9歳で……。彼を養っていくことを考えたら、不安が全くないと言えば、それは嘘になる。でも、それ以前に年齢ってそんなに大事かしら？ 私が住んでいるパリでは年齢はただの記号に過ぎないのよね。前職を30代でやめて、36歳から調香の勉強をし始めたわけだけど、それも、タイミングがたまたま36歳だっただけのこと。それ以上でもそれ以下でもないと思うのよね。それに、日々、不安な気持ちを抱えて生きていくより、好きなものやことに囲まれて過ごしていく方が素敵だと思わない？ 一度きりの人生なんですもの、心を解放しなくちゃ。

M：なんだか涙がこみ上げてきました。私はこれまで、年齢にとらわれて生きていくことしかできなかったんです。でも、ヴェロニクさんのお話を伺っていたら、年齢を気にするより大切なことがもっとずっとあることに気づかされてしまいました。何かにトライするのを年齢のせいで諦めるなんて、ただのナンセンスに過ぎないんですね。

呼吸をするように自然に フィットするものをまとう

M：ところで私、お目にかかった瞬間に、ヴェロニクさんのファッションがあまりにチャーミングで感動してしまったんです。

V：ありがとう。私としては好きなものを身につけているだけだから、なんだか不思議な気持ちだわ。

M：日本にいると、好きなものを身につけることが難しいと感じることが多いんです。

V：そうなの？　私達には存在しない概念だから理解するのが難しいけれど、だとしたら、辛いわね。

M：日本の女性はファッショントレンドにものすごく敏感。よく言えば最先端のおしゃれを常に取り入れているんですけど、見方を変えると人の目やステレオタイプに縛られているところがあるんです。「この年齢だからこれはもう着れない」みたいな感覚ものすごくあって……。でも、パリジェンヌの方々は違うじゃないですか。それぞれにマイスタイルがあって、自分の心に素直にそれを貫いて身にまとっているのが、街を歩く人々とすれ違うだけで感じてとれるんです。カフェで素敵なご婦人を目にするたびに、年齢を重ねるのが楽しみにさえ思える自分がいました。

V：世界的な〝ファッションの都〟なのにって、不思議に感じるでしょ（笑）。でも、パリに住む人たちのほとんどは自分にフィットするものを選び取っているだけなの。それも、呼吸をするように自然にね。

M：街行く誰かのことをジロジロ見たりもしないですよね？　カフェで隣に座った誰かの会話にそば耳を立てることもないですし……。

V：ないわね。それよりも、自分の気持ちや生き方を大切にしているから。

M：日本にいると、こうあらなくてはいけない、周囲と足並みを揃えなくてはいけないという空気に押しつぶされそうになることが多いんです。でも、パリにいると思い切り呼吸ができる。日々のあらゆるしがらみから解放されて、私が私らしくいられる気がするんですよね。

V：そんなふうに言ってもらえると、パリに住む人間として誇りに思うわ。でも、それでいいの。いつだって自分の気持ちに素直でいなくちゃ。それさえできれば、人生はいくつになっても素敵に彩られるものだって、私は信じているのよね。

健やかな食生活と心が本当のキレイを連れてくる

M：ここからは、ひとりの美容家として質問させてください。ヴェロニクさんが49歳の今もなお女性としてエイジレスな輝きを放っているのは、どうしてですか？　普段、どんなことに気を遣われて過ごしているのでしょうか？

V：一番は、食事かしら。正直、出産前までは、美容についてはかなり無頓着だったんです。「シワがあっても素敵な女性はたくさんいるし」って。でも35歳を過ぎた頃からひどく疲れやすくなって、40歳で息子を出産してからさらに疲弊《ひへい》してしまったんです。顔にもそれが顕著に出てしまって。これはなんとかしなければならないと頭を抱えていた矢先に偶然、素晴らしい一冊の本に出合ったの。Sr.Thierry Hertoghe 著の『Hormone Solution』という本でその中には日常生活とホルモンバランスの関係性が記されていたんです。

M：具体的に、どのようなことを実践されたんですか？

V：ホルモンの低下を促すものを排除するために、食事を全てオーガニックに切り替えたわ。息子がアレルギー体質だということもあって、今でも乳製品とグルテンは抜くようにしています。それから、体調を崩したときにフィトテラピーを取り入れていることも大きいかもしれないわね。45歳くらいから取り組んでいるのだけど、みるみるコンディションが整ったの。

M：やっぱり、口にしたものが身体や肌を作るんですね。ワークアウトは何か取り入れられていますか？

V：乗馬が好きで、気が向いたときにたしなんでいるくらいかしら。動物からいただく生命のエネルギーにもかなり助けられているかもしれません（笑）。あと絶対に大切なのが心持ち。美容って、心理的要因に左右されることが結構ありますよね。

M：女性は少しでもストレスを抱えると、すぐに肌に出ますよね。肌は口ほどに物を言いますから。

V：私が通っているセラピストの先生が、よくモラルの改善について語られるんですが、その先生曰く、日常を健やかに整えることが何より大事なんだそうです。その礎になるのが、人に優しくすること。

M：本当にそうですよね。私もそれは痛感していて、たとえ嫌なことがあったとしても「気づかせてくれて、ありがとう」と相手に礼を尽くすようにしているんです。年齢を重ねるほど心が表情に表れてしまうので、常に穏やかな気持ちでありたくて。

V：真の美容って、心を映す鏡なのかもしれないわね。

【BEAUTY LESSON】
tips
50

パリが
教えてくれたこと

パリで暮らす素敵なお2人との出会いを通して、ここ最近ずっと模索していた「美の価値観」に、ひとつの答えが出た気がしました。

今回2人のマダムへのインタビューの最中、私はときに涙が止まらなかったり、ときに感動と興奮で震えたり、ここ数年で味わったことのない感情を体験をすることができ、この本を作るに至った必然的な意味を感じずにはいられませんでした。自立していること、いきいきと今を生きていること、使命を持って何かに打ち込んでいること、そして好きなことに純粋にひたむきであること。他の誰かになりえない、かけがえのない〝自分らしさ〟で人生を切り開いていること。後ろも前も見ずに、とにかく今この一瞬一瞬を大切に生きているお2人のまなざしがとても印象的でした。

そしてとっても若々しい！ それは幸福に満ちた嘘のない笑顔と自信が作り出す光のオーラのようなものです。お2人の共通点は、少女のようなピュアな笑顔。同性である私から見てもキュンとするほど魅力的でした。

「年齢はただの数字でしかない」。実はこの言葉、今まで何度耳にしても、実際には腑に落ちないでいたのですが、今ようやくその言葉が理解できるようになりました。この本のプロローグでお伝えした、年齢を重ねる上での新たな「美の価値観」。彼女達が、その答えそのものである気がするのです。自分らしいスタイルを見つけて、ひとつの価値観に捉われずに生きていくこと。それが、女性が何歳からでも輝ける秘訣なのだと確信しています。

おわりに

「若さを失う」ことがすなわちイコール不幸なことだとしたら、女性は何の為に、何を糧に、この先まだまだ続く長い人生を生きていけばいいのかと、絶望のどん底に突き落とされます。この本を作るお話をいただいたとき、当初の私はまさにそのどん底に自ら身を投じようとしていました。美容を追及し続ければ明るい未来があると信じていたけれど、実は違ったのかもしれないと絶望し、考えれば考えるほどに、脳と身体が連動して老いが加速していく気がして、もういっそのこと全ての美容を放棄しようかと思ってしまうぐらい悲観的になっていました。まさに「美容マニアの落とし穴」。

　けれども、いったん「若さを失う」という発想をやめて、「素敵に歳を重ねる」ということに焦点を当てたとき、何もかもが私の中で変わり出したのです。そのきっかけになったのは、やはり40歳で訪れたパリだったのかもしれません。あのとき感じたものを紐解いて、私の中の凝り固まったこだわりを少しずつ手放すことで、素敵なこれからの人生がまた1から始まる……。そう考えると、心の底からワクワクしている私がいました。「手放す作業」と「新しい価値観に入れ替える作業」を繰り返すことで、私の細胞が活性化されるかのような感覚になり、くたびれかけていた見た目も、また少しずつ回復し始めたのです。新しいマインドで取り組んだ美容法が、時間はかかれど功を奏しだしたのだと思います。そうした私自身の現状を嘘偽りなくお伝えすることで、また新たな喜びを手にすることができると思い、この本を皆様の元にお届けする決断をしました。

正直なところ、まだ全ての悩みに対する解決策が見つけられたわけではないですし、これからまた新たにやってくる、未知なる「老い」に恐怖がないわけではありません。けれども、パリで出会えたあのお２人、由美さんとヴェロニクさんの、美しく幸せにあふれた笑顔を思い出すだけで、あんなふうに輝きながら歳を重ねることに俄然前向きになれるのです。

「生きる」のは今のこの瞬間でしかなく、過去を振り返ることも、未来を憂うことも、本当に意味のないこと。大事なのは、今の自分が美しい生き方をできているかということに、精一杯向き合うこと。そして美しい時間を重ねていくことに1分も惜しまず情熱を注ぐことだと信じています。この本を手に取ってくださった皆様の美しい人生に、この本が何か少しでも素敵なアクションを起こせたなら、本当に幸せに思います。

2018 石井美保

SHOP LIST

ア

アヴァンシア
06-6136-5208

アヴェダ
03-5251-3541

アウトバーン
078-327-7553

アクセーヌ
0120-120783

AMATA
03-3406-1700

アルビオン
0120-114-225

RMK Division
0120-988-271

イミュ
0120-371367

インフィオレ
0120-559-887

ヴェレダ・ジャパン
0120-070-601

uka Tokyo head office
03-5778-9074

エスティ フィロソフィ
03-5778-9035

エスティローダー
03-5251-3386

FTC
0120-35-1085

エピステーム
03-5442-6008

MIMC
03-6421-4211

MTG
0120-467-222

エレガンス コスメティックス
0120-766-995

エール
03-6435-0113

オブ・コスメティックス
03-6274-6621

カ

金伴繊維
https://www.kaneban.com/contact/

カネボウインターナショナル Div.
0120-518-520

カネボウ化粧品
0120-518-520

クラランス
03-3470-8545

コスメデコルテ
0120-763-325

コーセー
0120-526-311

コスメキッチン
03-5774-5565

サ

資生堂
0120-81-4710

資生堂インターナショナル
0120-81-4710

シスレージャパン
03-5771-6217

GM コーポレーション
06-6375-7170

自由が丘クリニック
ドクターズコスメティクス
0570-002-333

スイートサイト
048-271-9676

SUQQU
0120-988-761

ミキモト コスメティックス
カスタマーセンター
0120-226-810

メディキューブ
03-3524-8128

メルヴィータ ジャポン
カスタマーサービス
03-5210-5723

ヤ

ヤーマン
0120-776-282

ラ

ラ・ヴィラ・ヴィータ
03-6274-6997

ラ・プレリー
0120-223-887

ランコム
03-6911-8151

ルーブルドー
06-6442-0365

ロート製薬（オバジコール）
03-5442-6098

ローレル
0120-275-606

ナ

ナナデェコール
03-6434-0965

ナリス化粧品
0120-71-9000

ハ

ハン・インターナショナル
03-6804-1545

ピー・エス・インターナショナル
03-5484-3481

ビューティハウスヘルシー
0120-30-6033

フレスコ
https://fresco.buyshop.jp/

ヘレナ ルビンスタイン
03-6911-8287

ポーラお客さま相談室
0120-117111

マ

マリークヮント コスメチックス
0120-53-9810

まごころ総合美容
0120-06-1839

スターティス
03-6721-1604

セザンヌ化粧品
0120-55-8515

セルヴォーク
03-3261-2892

タ

第一三共ヘルスケア
お客様相談室
0120-337-336

大法紡績
0564-51-9456

タビオ
03-6419-7676

ディセンシアお客さまセンター
0120-714-115

ドゥ・ラ・メール
03-5251-3541

ドクターケイ
0120-68-1217

トム フォード ビューティ
03-5251-3541

トーン
03-5774-5565

石井美保 Miho Ishii

トータルビューティーサロンRiche主催(http://www.riche-salon.com/)。
Riche Eyelist Academy主宰。麻布十番にまつげサロンを13年経営し、
アイリストの育成の傍ら、豊富な美容知識を生かしたメイクレッスンや
美容カウンセリング、パーソナルコンサルティングなどを行う。
エイジレスな美貌と底なしのコスメの知識を持ち、幅広く活躍中。

大人美論

2018年9月14日 第1刷発行
著者　石井美保
発行人　蓮見清一
発行所　株式会社 宝島社
〒102-8388
東京都千代田区一番町25番地
電話　編集：03-3239-0926
営業：03-3234-4621
http://tkj.jp
印刷・製本　日経印刷株式会社

ISBN：978-4-8002-8378 -8

STAFF

撮影：土山大輔[TRON]〈帯、P.002-007、014-015、042-043、051、060-061、094-095、107、118-119、138-139、154、157〉
吉岡真理〈プロセス、物〉
ヘア：Asami〈P.002-004、014-015、060-061、094-095、118-119、138-139、154、157〉
Yui〈帯、P.006-007、042-043、051〉
大野朋香[AIR]〈プロセス〉
アイラッシュ：松内佳奈、原田 楓
ネイル：青木久代
コーディネーター(パリ)：池田由香、Yul Diot

装丁・デザイン：月足智子
編集：小寺智子

エグゼクティブプロデューサー：納富 聡[アミューズ]
マネージメント：香田槙子[アミューズ]

Special thanks : Yumi Saito, Veronique Rembtiere

衣装、アイテム協力：
steady study　03-5469-7110
ryo_pinktokyo　@ryo_pinktokyo